奮励の記憶

久能山東照宮宮司

落合偉洲

静岡新聞社

序　発刊を祝して

皇學館大学学長　河野　訓

敬愛してやまない久能山東照宮の落合偉洲宮司様が『久能山東照宮宮司　奮励の記憶』を上梓される由、憚りながら拙生、郷土の大先輩からのお声掛けに嬉しく、序文を認めさせていただきます。

本書は前著『神道の周辺』に続き、それ以降の原稿を中心に「神道の発生」や「御神火物語」など神社本庁在職時の論稿を交えて編集されたもので、宮司様の久能山東照宮赴任後、とりわけ宮司就任後、東照宮を取りまく諸事に最高責任者として携わられた立場からの深い思いが吐露されている。

宮司に就任されて以来、平成二十二年の久能山東照宮御社殿の国宝指定や平成二十七年の久能山東照宮御鎮座四百年大祭の盛行、平成二十九年の天皇皇后両陛下の行幸啓にあたって家康公の時計をご説明申し上げられるなど、その時々、諸事に当たり、宮司としてかかわられたその意欲・責任を伺うことができる。

また、数多くの役職を引き受けられ、宮司として、文化人として静岡県内を超え、全国国宝重要文化財所有者連盟理事長の重職にあって文化行政の一翼も担っておられる。本書に収められた様々なお立場からの文章に多才な宮司様の一面が垣間見える気がした。

手記の中に静岡県文化財保存協会の県外研修旅行がある。創意工夫を重ねられて協会の一行を日光東照宮や伊勢神宮に案内されている。きっと、宮司様は周りを人に囲まれ、ニコニコとご案内されたのでしょう。文面にはありませんが、満面の笑みでご一行の皆さんと盃を重ねられたことと拝察します。

「宮司としての一年」では、満六十歳当時の一年、お宮の祭祀の厳修のかたわら、境内の外での獅子奮迅のご活躍が記されている。何の誇張もない宮司様の日常のお姿が伝わってくる。「久能山東照宮」に収められる社頭の素描は東照宮の四季の移ろいを感じさせてくれる。

また、「追悼」として収められているしのびごとのうちには、先達のご業績あっての「今」という、宮司様の先人を尊ばれるお気持ちを感じることができる。

落合宮司様の生涯を彩る手記の一つ一つを紹介したいところであるが、読者の皆様には宮司様のこころがしみじみと伝わってくる一文一文を虚心に味わっていただきたい。

郷土、日向学院高校の大先輩のご著書に序するとは思いもかけない光栄であり、私としては大変嬉しいことである。宮司様は院友を特に大切にされていらっしゃるが、いろいろな垣根を越えて活躍されている宮司様は日本の神社界にはなくてはならない存在である。

徳川三百年の太平の世をもたらした徳川家康公をお祀りする久能山東照宮の宮司としての矜

持は何物にも代えがたいもので、宮司様にはくれぐれも心身ともに大切にされ、東照宮と斯界の隆昌のためにも、止まることなく歩みを進めていただきたい。また、まだまだ愚生のためにも良きお導きを賜りたい。

敢えて蕪辞を陳べて、本書刊行に祝辞を寄せるものであります。

令和三年七月吉日

河野　訓（かわの　さとし）

昭和三十二年宮崎県生。東京大学文学部卒業。東京大学大学院で印度哲学・印度文学を専攻。東京大学博士（文学）。文化庁事務官、國學院大學兼任講師の後、皇學館大学文学部神道学科助教授を経て現在教授・皇學館大学学長。専門は宗教学・仏教学。

久能山東照宮宮司 奮励の記憶　目次

序　発刊を祝して　皇學館大学学長　河野　訓……1

一　久能山東照宮……9

久能山東照宮と花……10
築地塀……20
師走の社頭……21
梅花の季節……24
東照宮と狛犬……27
久能山東照宮社殿が国宝指定に
—神饌所も重要文化財に追加指定—……39
くのうざんものがたりの舞台　久能山東照宮を学ぶ……42

二　文化財を守り 伝える……47

文化財所有者として思うこと……48
平成の大修理……50
文化立国を目指して　文化財修理技術保存連盟全国研修大会来賓挨拶……52

文化財保護行政の充実を　―全文連設立二十五周年を迎えて …… 55
大前神社重要文化財指定記念式典祝辞―久能山東照宮の取り組み紹介 …… 57
久能山東照宮文化財保存顕彰会 ご挨拶（コロナ禍で総会中止） …… 65

三　家康公洋時計 …… 69
家康公洋時計調査について …… 70
「おんじゅくものがたり」 …… 82
天皇陛下とスペイン国王陛下に家康公の時計 …… 86

四　神道 …… 89
神道の発生 …… 90
戦後の神道とキリスト教 …… 105
六月晦大祓挨拶 …… 128
例祭 …… 130
御神火物語 …… 132
―伊豆大島の噴火と三原神社―
上杉鷹山公のご敬神 …… 158
石上神宮の思い出 …… 164

五　各地を訪ねて……167
神道教化……168
伊勢神宮参拝と斎宮歴史博物館・本居宣長記念館見学の旅……171
ポーランド訪問
―ポーランドのシベリア孤児について―……176
石山寺・建部大社・三井寺等参拝近江の旅……183
秋の姫路・奈良を訪ねて
―円教寺・姫路城と正倉院・東大寺―……189
錦秋の東北紀行
―大船戸の虎舞再会と国宝瑞巌寺―……195
房総の考古浪漫と家康公の洋時計
―そのルーツをたどって―……200
六　宮司として……209
宮司としての一年……210
神仕えの姿……220
年頭の所感―平成己亥歳を迎えて―……222

七　境内の外で…… 225

虹（私の学校教育への期待）命の大切さを
なすび…… 226
宗教者懇話会…… 228
新年度を迎えて（平成二十三年定例協議員会報告）…… 231
院友の絆を大切に…… 234

…… 236

八　追悼…… 239

戸田義雄先生のご逝去を悼む…… 240
鶴岡八幡宮名誉宮司白井永二先生のご逝去を悼む…… 243
黒岩龍彦先生のご冥福を祈る…… 253
追悼　澁川謙一大人命を偲ぶ…… 255
私の原点―水稲荷神社名誉宮司　齊藤直芳…… 259
久能山東照宮名誉宮司　松浦國男…… 262
小川晶久先生追悼の辞…… 266
西川昭策さんとの想い出…… 269

九　その他　寄稿、挨拶文、書評

九　その他　寄稿、挨拶文、書評……273
『はかなき学び』再版に寄せて……274
理想の神職像を求めて……276
東日本復興支援チャリティ・コンサートに寄せて……278
『久能山誌』あとがき……280
徳川家康公顕彰四百年記念献茶式……281
徳川歴代将軍名宝展　久能山東照宮挨拶……282
講演集『みちのくのいのり』序文……284
久能山東照宮の名宝について……286
『謎解き!?　徳川家康の墓所』に寄せて……288
書評『国宝　久能寺経の歳月　駿州秘抄』……290
書評『イギリス人アナリスト　日本の国宝を守る』……292
飯森隆年宮司への手紙……294
あとがき……298

一　久能山東照宮

久能山東照宮と花

久能山は、静岡市の駿河湾を臨む有度山系の中に有る独立した山で、山頂は海抜二一六メートルあります。この山に自生する植物は、約五百種あるといわれています。

山茶花

初冬の境内で、目につく花に、山茶花があります。楼門の前に数本自生して、白い花弁の他に薄桃色の花弁を持つ花も混じって咲いています。山茶花は、新潟県より南の本州・四国・九州の山中に自生します。野生種は花が白ですが、園芸種には、いろんな色があり花の少ない初冬の庭を飾る花ということになります。花が終わると実がつきますが、実から油をとることができます。山茶花は、「ツバキ属」の花ですから椿と似た所がありますが、散るときに花びらがばらばらに散るのに対し、椿は花ごと散るという違いがあります。

椿

山茶花が終わると藪椿が咲き始めます。椿は本州から九州の海岸や近くの山地に育ち、温暖地常緑広葉樹の代表格といわれています。椿の歴史は、古く『日本書紀』には、海と石榴つまり「海石榴」で「つばき」と見えています。またほかに「厚葉木」「津葉木」とも見えています。園芸品種として数多くの椿があり、宮崎県には、椿公園というのがありますし、日本から外国に伝わり海外でも栽培が盛んに行われています。学名「カメリア・ヤポニカ」といわれています。

椿も実から油を絞ることができます。昔は、女性が、この椿油を髪につけていました。伊豆大島では、この椿油でてんぷらを揚げたりもしています。

久能山の藪椿は、赤または桃色の小ぶりの花をつけます。境内のいたる所で見られ、石段の中程には、直径三十センチ以上もある大木があって、時期になると、朝の石段に多数の花が散ります。その光景には情緒があって、花を踏まないように石段を登ります。

ツワブキ

今、社務所受付前の土手に自生しているツワブキが、黄色い花をつけています。本州では石川県、福島県より南、四国・九州・沖縄・台湾・韓国・中国の海岸付近に生える多年草です。私の故郷宮崎では、春先にこの新芽をとりに山に入りました。皮を剥き、煮たり炒めたりしてよく食べました。昔から食用・薬用として大事にされた植物です。現在では、園芸品種も多く、庭にもよく植えられています。

ミズヒキ

博物館に登る階段右側の土手の草むらに、「ミズヒキ」が花をつけています。「ミズヒキ」は、日本各地で見られますが、注意して見ないと、見落としてしまいます。花は、夏から秋にかけて咲きますが、今小さな赤い花が棒状の茎に左右対象に並んで咲いていています。

この近くに「ヤブラン」や「シャガ」も自生しています。「ヤブラン」は北海道を除く各地で見られます。樹林の影に生え夏に紫色の花穂として花をつけます。今は、緑色の実を結んでいます。

葵

東照宮といえば、まず誰もが葵の紋を思い浮かべることと思います。博物館の玄関の上には大きな葵紋が掲げてあり、境内の数カ所に設置されている天水鉢にも見られます。普通「三つ葉葵」といわれますが、「三つ葉葵」という葵は、存在しません。実際に存在するのは、「フタバアオイ」別名「カモアオイ」で、その葉を三枚組み合わせてデザインしたものが、徳川家の葵紋ということになります。フタバアオイは、本州福島県より南、九州、四国の山中木陰に生える多年草で、秋に葉を落とし、根だけで冬を越し、春先に新芽を出します。芽の中から一本の茎が伸びて二つに分かれ葉脈のはっきり見えるハート型に近い葉をつけます。三月頃になると、茎の分かれ目のところから花茎が伸びて、紫色の可憐な花をつけます。東照宮でも栽培していますが、残念ながら今時は、根だけの時期となっています。京都の下鴨神社および上賀茂神社の葵祭は、このフタバアオイが用いられます。

久能山東照宮は、本殿をはじめ十五棟の重要文化財に指定されている建物の他に社務所、博物館等山上にもたくさんの建物を所有しています。特に本殿は、総漆塗りで極彩色が施され、ほかの重文建造物も総漆塗りとなっており、数多くの彫刻や絵画が施されています。この彫刻や絵画の中に見える花について少し話をしてみたいと思います。

楼門

まず楼門については、蟇股の彫刻に注目したいと思います。楼門には、十二カ所に蟇股が、設置されています。正面の頭上にある四カ所は、「獏と雲」です。獏は江戸時代、夢を食べる動物と考えられていたようです。悪い夢を見ないように、獏の絵を書いた紙を枕の下に入れて寝たこともあったようです。そういえば、作家に夢枕獏という方もいますね。ところが、獏は、古代の中国では、鉄とか銅を食べる動物ということになっているのです。世の中に戦乱が起こると鉄とか銅は、武器として使うため生活の場から消えてしまう。そうなると、獏は食べ物がなくなって生きていけない。すこし回りくどい話になりますが、獏は戦乱の無い平和な世の中にしか生きられない動物ということになります。徳川家康公が、「関ヶ原の戦」以後、二百七十年に及ぶ戦乱の無い世の中を築かれたことを意味するわけです。

残りの八カ所は、「獅子と牡丹」の彫刻となっています。「獅子と牡丹」といえばやくざ映画に出てくる「唐獅子牡丹」を思い浮かべる方もおられるでしょう。「獅子は、百獣の王」を「牡丹は百花の王」を意味します。つまり強くて美しいまたは優しいということを表しています。背中の唐獅子牡丹、俺は、強いだけではない、美しく優しいのだ、といいたいわけです。牡丹は、中国原産の落葉低木で、高さは、一メートル余となります。古くから鑑賞用、薬用として栽培されてきました。普通は、四月から五月頃直径二十センチにも達する大形の美しい花をつけます。寒牡丹もいろんな所で栽培されていますが、鎌倉の鶴岡八幡宮の牡丹園は見事です。この楼門の蟇股以外にも「獅子と牡丹」の彫刻や絵は、他の建物にも多く見られます。後ほどまたは、別の機会にじっくり観察しながらご参拝して下さい。

神厩

楼門をくぐり、石段を一つ登ると、左側に神厩があります。この建物には、特別な彫刻や絵は無く、一部黒漆塗りの他大部分は、弁柄漆塗りとなっています。正面左側には、藪椿があり、参道の右側、つまり神厩の正面には、寒桜とキンモクセイがあります。山下から石段を登るとこの場所が、ちょうど千百段となります。あと五十九段を登ると本殿にたどり着きます。合計一一五九段、山下から歩いて登った人は、「いちいちご苦労さん」、ロープウェイで来た人は、「ちょっとだけご苦労さん」ということになります。

さて寒桜は、二月初旬には、満開になります。キンモクセイは、十月の声を聞くと、境内に甘い香りを漂わせて、オレンジ色の小さな花をたくさんつけます。なおこのほかに、廟所、神庫、及び社務所の前にもあります。中国には、この花から造る「桂花陳酒」という酒がありますす。最近は、日本でも見かけますが、花の香り同様甘い酒で、私の口には合いません。

鼓楼

さらに石段を登ると、右側に鼓楼があります。この建物は、石組みの土台の上に築かれていますが、軒下の長押の上四方に、牡丹が描かれています。色は朱と、白の朱のぼかしがあるものがあります。唐花のデザイン化された模様も描かれていますが、現存植物として描かれているのは、牡丹のみです。

鼓楼の反対側には、五重の塔跡があり、その中心部分には、明治の初期、塔を撤去した後に、駿府城にあった蘇鉄が移植されて大きく育っています。

神楽殿

次の石段を登ると、右手に神楽殿、左手に神饌所があります。神饌所は、弁柄塗りで、特別な彫刻や絵は、描かれていません。神楽殿は、長押に、亀甲と花菱の模様が連続して描かれているのみです。

神庫

神楽殿の東側に急な石段があり、その上に、神庫があります。ここも、鼓楼と同様、軒の下長押とその上に、牡丹の絵が書いてあります。葉は唐草が描かれています。牡丹が描かれる場合、「唐獅子牡丹」と「唐草牡丹」という構図があるようです。ここには他の花等は、見あたりません。

日枝神社

本殿東側に日枝神社が鎮座しています。向拝正面の蟇股は、獅子に牡丹の彫刻があります。日枝神社本殿は、外側の長押の上に蟇股があり、そこに彫刻があります。まず本殿の正面には「菊とひばり」、その右側は「梅とうぐいす」、東側側面は「松とうそ鳥」「椿と大るり鳥」「しゃくやくと大るり鳥」、本殿裏右側は「ぼたん」のみで、左側は「栗とりす」です。本殿正面左側は、本殿東側側面中央と同じ「椿と大るり鳥」です。西側側面は「芙蓉とうずら」、次とその次も「もみじと鹿」となっています。

菊

まず「菊とひばり」の菊についてですが、菊は、中国・日本の絵画では、その高潔な美しさを、君子に例えて、梅・蘭・竹とともに四君子の一つに数えられる花です。原産は、中国大陸とされ、日本には、奈良時代頃に伝えられて、江戸時代に大きく改良されたといわれています。野山に自生して咲くノギクに対し栽培種をイエギクといい、品種が非常に多くイエギクには、園芸上では、大菊、中菊・小菊という分類もあります。

梅

次に「梅とうぐいす」の梅についてですが、梅は、中国中部の原産といわれ、古代に我が国に伝来したといわれています。花は鑑賞用に果実は食用として、広く各地で栽培されて今日にいたっています。久能山の山下には、いまから八十数年前、東照宮三百年祭を記念して梅林が造られ、二月には満開の花を楽しむことができます。山上には、家康公と関わりの深い「実割り梅」「八房梅」「家康梅」という梅の木があります。特に「実割り梅」については、そのいわれについて、勝海舟が記した石碑が建てられています。

梅の花は、通常白の五弁ですが、紅梅の他に様々の色があり、園芸品種は三百種を超えるといわれています。菊、蘭、竹とともに絵画の世界では、四君子の一であることは、さきに触れたとおりです。

松

次に「松と大るり鳥」の松についてですが、松もたくさんの種類があります。日本では、一般的には、アカマツ、クロマツの他にゴヨウマツ、ハイマツ、リュウキュウマツ、チョウセンマツがよく知られています。アカマツをメマツ、クロマツをオマツともいいます。クロマツは、盆栽や生花にも使われます。この蟇股の彫刻からは、松の種類までは判別できません。

さて「マツ」という語源についてですが、神がその木に天降ることを待つ木から来たという説があります。能舞台の背後に松の絵が描かれていることは、よく知られていますが、そこに神が降臨されて、その前で能を舞うという意味があります。

また芭蕉は、服部土芳《はっとりどほう》の表した俳論書『三冊子《さんぞうし》』の中で、「松の事は松に習え、竹の事は竹に習え」という言葉を残しています。「私意を離れ対象と一体化することに風雅のまことがあるという教え」だといわれています。

芍薬

芍薬《しゃくやく》は、ボタン科の多年草で、花、葉ともボタンによく似ていますが、茎が木本《もくほん》になりません。中国北東部の原産とされ、茎は高さ約六十センチ、五月頃紅、白、黄の重弁・大型の花を開きます。根を乾燥したものを、煎じると鎮痛剤になります。

牡丹

牡丹については、前に触れましたのでここでは割愛します。

芙蓉

芙蓉《ふよう》は、ハスの花の別称でもあり、美人を例えていう言葉でもあります。富士山のことを、芙蓉峰ともいいます。富士山本宮浅間大社の御祭神は木花之左久夜毘売命、美人の神様です。アオイ科の落葉低木で、東アジア暖地原産といわれます。九州、沖縄に自生し、夏から秋にかけて淡紅または、白色の大形の一日花をつけます。芙蓉によく似た花にムクゲがあります。ムクゲは韓国の国花、漢字は「槿」と書きます。芙蓉と同じくアオイ科フヨウ属に属します。

最後に

予定の時間も過ぎたようです。ご本殿の花の絵や彫刻は、別の機会にゆずりたいと思います。昔から「立てば芍薬、坐れば牡丹、歩く姿は百合の花」という言葉があります。皆様を称える言葉と承知致しております。御清聴有難うございました。

（石州流華道高林会免状授与式会長講話　平成十四年十一月十七日　於久能山東照宮）

築地塀

久能山東照宮山下参道東側に、築地塀が築かれている。築地塀とは、古くは土を盛り上げて固めただけの土塀であったが、一般的には屋根のある土塀のことである。

平成十一年三月二十一日付で、久能山東照宮権宮司を拝命して、参道を挟む築地塀の西側の社宅に住むことになり、それ以来日々かなり傷みの進行した塀を見ながら、山上の神社に出勤してきた。

暇を見つけては、書庫の資料を漁って、この築地塀に関する記録がないか探しているが、未だ目ぼしい記録に出合えないでいる。先日、旧職員にこの築地塀に関する資料を探していると話すと古い家の平面図四枚の写真を持ってきてくれた。山下参道右側の徳音院の平面図である。年号の記載は無いので、いつ頃の物かは、判明しないが、江戸時代の徳音院の間取りと規模の判る図面である。この図面には、徳音院の建物西側に山門を挟み、また南側にも築地塀が築かれているように見える。

山下築地塀は、参道右側（東）にだけ有り、左側には無いが、これは、久能山東照宮の学頭寺として正保三年（一六四六）に設けられた徳音院のための付属建造物ということになるだろう。徳音院創建当時のものか、後で作られたものかは判らないが、少なくとも江戸時代中期頃までには作られたと推測されるのである。
今回、久能山東照宮御鎮座四百年記念事業として、地元久能と大谷の連合町内会に共同事業として、築地塀の修復をお願いした。事業推進の中心的役割を果たして頂いた、久能自治会連合会会長武藤賀雄様をはじめ大谷自治会連合会会長山田幸夫様・新井正明様他関係各位に衷心より感謝の意を表します。
（『久能山東照宮御鎮座四百年祭築地塀修復記念誌』
久能大谷共同事業実行委員会　平成二十七年四月十七日発行）

師走の社頭

駿河湾沿いの国道一五〇号線から急峻の石段、一一五九段を登ったところに鎮座する久能山東照宮は、全国に数百社鎮座する東照宮のうちで最も古い社である。社殿は権現造で本殿、石の間、拝殿の三棟を巧みに繋ぎ合わせた複合社殿、大工頭中井大和守正清の代表的遺構の一つとされる。

和様を基調とする社殿は、総漆塗、極彩色が施されて、彫刻、金工、石造物等により装飾されて、江戸時代草創期の優れた建造物として高い評価をうけ、さる十月十五日開催の文化審議会より文部科学大臣に国宝指定の答申がなされた。静岡県内では、初の国宝指定建造物ということになる。

ところで、御祭神徳川家康公は、天文十一年（一五四二）十二月二十六日に三河国岡崎城で誕生、従って当宮では、毎年十二月二十六日に誕辰祭を、それ以外の毎月二十六日に月次誕辰祭を斎行して、その日をお祝いしている。

家康公は艱難辛苦の人生に耐えながら、天下統一を果たし、天下泰平の江戸時代の基礎を築いて、元和二年（一六一六）四月十七日に駿府城で七十五歳の偉大な生涯を閉じられた。遺言に従って、ご遺体はその日の内に久能山に運ばれ、西向きに埋葬されるとともに、社殿の創建が始まり翌年に現社殿が竣工している。従って毎年、家康公薨去《こうきょ》の日である四月十七日に、徳川御宗家御参列のもとに御例祭を、それ以外の毎月十七日に月次祭を斎行して、御神徳の宣揚に務めている。因みに当宮では、毎月元日以外の一日の祭りを、月始祭という。

師走になっても、天気のいい日は山下から歩いて通勤すると、汗拭きタオルが手放せない温暖な久能山でも、遅い秋が訪れて、下旬頃境内に紅葉が見られる。当宮の師走時期は、他の神社同様正月の準備に追われるのであるが、毎年十二月十三日に「御煤払《おすすはらい》」を行っている。

午前九時半、御煤払奉仕の神職、巫女参列のもと、宮司斎主他祭員一名で奉仕する。修祓、宮司一拝、献饌、祝詞奏上、玉串を奉り拝礼、祭員が、予め兼備台に用意した御煤祓用具を宮司の前に運び、宮司はそれをもって神前の御煤祓所作を行う。その後神職による社殿の御煤祓が始まる。宮司は宮司室に煤籠《すすごもり》、そして午後一時半、再び、本殿にて終了奉告祭を奉仕する。

煤籠とは「煤払の時、病人、老人などその戦力にならない者が別室に移り籠もる事」である。終了後、宮司他御煤祓奉仕者全員に神饌として供えられていた大福餅が頒たれる。古い職員に、大福餅を備える根拠を尋ねてみると、「先代宮司が好きだったからではないですか」と返ってきた。妙に説得力はあるものの、もっと深い根拠があるのではとも思っている。

煤払は煤掃、煤取ともいい、本来は正月の歳神を迎えるために、屋内の煤ほこりを払い清める信仰的な行事で、全国的に十二月十三日に行うところが多い。この煤払日を正月事始め・正月初め・年取りの始まりなどと呼んでいる所もあって、間違いなく正月の準備を始める日のようである。

和歌山県・大阪府などでは、十三日には神棚・仏壇の煤払だけを行うという。家の掃除をすれば牛に祟りがあるという言い伝えもある。地方によっては、この日に、松迎え・小柴刈り・木伐り祝いなどといって、年木や門松を山から取ってくる行事を行う所もある。炉の火改めをする地方、餅搗きをする地方などの存在も確認される。

十年ほど前、先代松浦國男宮司が、駿府城にある家康公お手植えのみかんの木で、接木した幼木を市役所から貰ってきて、境内に植えるよう私に指示があった。社殿の東側の一角に深い穴を掘ってそれを植え、その側に「家康公お手植えのみかんの木」と表示杭を立てた。

木は順調に育ち、二〜三年前から小振りではあるが、甘みのある実を付けるようになった。みかんの原種に近い木の故であろうか、枝に鋭いトゲがあり、師走に入る頃、色着きはじめ下旬に完熟する。この「家康公お手植えで、私の手植えのみかん」を誕辰祭にお供えして、いよいよ正月を迎えることになる。

（「神社新報」平成二十二年十一月二十二日）

梅花の季節

多忙ながらも充実した正月が去り行き、境内は梅花の季節を迎えようとしている。

久能山東照宮の御祭神徳川家康公も殊の外、梅を愛されたようで、昨年末に重要文化財に指定された神饌所の前に、縁ある梅の木が二本ある。白梅と紅梅である。

白梅は「実割梅」といい、駿府城内に家康公がお手植えされた木と伝えられている。実が熟すると中にある核が自然に割れるという特徴がある。『駿国雑志』に「御手植梅」として「安倍郡府中城御本丸御庭にあり。是神祖御手植の梅にして、形ち臥龍に似たり。其実必二つに割て、食ふにかたからず、故に実割梅と称す」とある。明治以前、実割梅は一斗一升ほど採取でき、梅干に精製しこれを梅干入曲物《まげもの》五十七個に入れて、九月に久能山東照宮に奉納していたという。

慶応四年四月、駿府町差配として浜松藩家老伏谷如水が着任、その年は伏谷の命令で、生梅を丸目籠に入れて奉納している。

徳川時代から明治へと時の流れとともに、感じ入るところのあった久能山東照宮祀官出島竹斎は、駿府に居を構えていた徳川慶喜公のもとに足を運び、駿府城内のこの木を、久能山東照宮境内に移す許可を得た。そして明治九年二月二十五日に現在地に移植したのである。

その事を知った勝安芳（海舟）は、その筆をもって「実割梅之記」を撰文、立派な石碑が建っている。その中に「明治の御事ありしより咲出る色香は　むかしにかはらずいとめでたけれど後々は其故よし伝ふる人のまれになり行かむを　国人久能の宮祠竹齋出島の翁　深くなげき遠くおもひ　御社の御前に移うえしぞ　花志るあらば　いかにうれしとおもふらめ」と、そして最後に「こゝに詣づる人よ　此花を見　この色をも香をも　袖にとめつ　古をしのび今をおもひて奉る　ぬさともなしなば　心の塵もすがすがしふなりて　神の御めぐみも　いやちこならむと思ふになむ　　明治九年九月」と記している。

この碑文を知人が拓本に取ってくれたので、掛軸を作った。

もう一本の梅の木は、「八房梅」といい、家康公が生前愛賞されたという所伝を持つ八重咲きの紅梅で実割梅の隣にある。二月中旬頃実割梅とほぼ同時期に咲く。その名の示す通り、枝の一所に多数の実を付ける。かつて境内に三百数十年の樹齢を保っていたものがあったが、惜しくも枯れてしまったという。幸いにもこれを分けて育成していたものがあり、栃木県西那須野住の吉田美雄氏が、当宮三百五十年大祭（昭和四十年四月）に当たり奉納、植えられた二代目木である。

宮城県松島町にある臨済宗の寺、瑞巌寺の境内には、仙台藩祖伊達政宗公が朝鮮より持ち帰り慶長十四年（一六〇九）三月二十六日、瑞巌寺上棟の祝いに手植えされたという紅白の梅の古木が各一本あり、「臥龍梅　紅」「臥龍梅　白」という案内板がある。それによると紅白ともに八重咲きで、実を七～八個鈴なりにつけるので、別名「八つ房の梅」というとある。まだ何処かに、このような所伝を持つ梅の木があるかも知れない。

この大事な梅の木を、枯らさないように注意を払いながら、剪定や施肥等の世話をして、この時期が来るのを楽しみにしている。花はやがて小さな実を結び、五月下旬には実を採取して、この道に長けた職員の手によって梅干や梅酒となる。

年末に剪定したこれら梅木の小枝を見つけたある茶人が、これで茶杓を削りたいので欲しいといって持って帰った。やがて紅梅、白梅の枝から削った茶杓を持ってきた。白梅は、削った木の木地の色も白く、紅梅は木地の赤いことは、剪定した時点で気づいていたが、枝の皮の一部を残したなかなか風合いのある茶杓であった。竹筒に収められて桐の小箱に入っていた。それに名前を付けて箱書きをせよとの事、特に考えることもなく「実割」と「八房」とした。

御祭神と縁深き掛け替えのない二本の梅木を通じて、御神徳は、限りなく広がっていく。

（「神社新報」平成二十三年一月三十一日）

東照宮と狛犬

久能山東照宮楼門の狛犬

久能山東照宮の楼門の表側、左右の格子戸の中に随身が睨みを効かせ、裏側左右金剛柵の中に一対の狛犬が蹲踞《そんきょ》対峙している。まず表の随身に注目してみると、神前に向かい右側は、顎鬚も蓄えて、やや老境に差し掛かった様子、左側は顎鬚がなく口髭のみの壮年ないし青年風となっている。神前に向かい右側に左側より位の高い者が位置するのは、こちらが上位となるからであろう。従って神前の方から見れば、左が右より上位になるのが普通の形といえる。

狛犬の場合、神前に向かって右側が、口を少し開き加減の、いわゆる阿形、左側が口を真一文字に閉じた吽形というのが、標準形式といっていい。

ところが、久能山東照宮の楼門裏側の狛犬は、神前に向かって右側に口を閉じた吽形の狛犬(頭に一角のある狛犬)、左側に阿形の狛犬(獅子)が、本殿正中線に正対するように置かれている。つまり、標準形式の位置とは逆に置かれているのである。

このことに気づいたのは、久能山東照宮に奉職して三年位経ってのこと、それまでは狛犬の口など眼中に無かったということになる。そのことに気づいた後、単なる設置上の錯誤、正しい位置に戻そうと思ったのだが、ところが阿形は、少し頭が左側を向いていることに気づいた。阿形は右側に座るべしと、強引に移して正中線と正対させようとすると、その顔は、楼門の表と裏を仕切る壁の方を向くことになってしまう。吽形は、少し頭が右側を向いているので、これもまったく同様、顔が壁向きになってしまうのである。

この楼門が建設されるに当たり、楼門の裏側のこの位置に、最初から狛犬が置かれることを前提に発注されたが、狛犬の製作者は楼門の表に置かれるのと勘違いして、阿形は正中線に正対するも少し頭を左に傾けて、ここに近づく参拝者の方に視線を落とすように作られ、吽形も同様に作られたのであろうか。もしそうであるならば、明らかに製作者の錯誤、しかし間違って作られた物を、設置するということも考えにくいことである。

その内に、この狛犬たちは、元々、ここに居たのではなく、別の場所からいつの日か、ここに移ってきたのではないかと推測するようになった。ここに移る前は、正中線に正対し、阿形は、左側を、吽形右側を向きその視線を、神前に近づいてくる参拝者に向けていたはずであると。そんなことを考えつつ、調べていると、天明三年（一七八三）成立の『駿河国志』（榊原長俊著）に「楼門あり。表の方看長左右相対向、裏に狛犬対向、楼門内左の脇に禰宜番所北向きなり」との記述があった。これで表側に随身、裏側に狛犬という現状は二百年以上前も同様だったことが判る。

記録として当宮に残っている「御灯籠調書」には、この狛犬を明治四十一年に修繕した際に彫刻師が解体すると、内部に次の文字の記入があったという。

元和三年五月二十七日、作は大和国拾人原五条の清吉、宗兵衛、宗たろたふのみねかたを
かいこま甚太郎　花押
御奉行　細井助右衛門　安部助九郎
天和二戌八月二十二日眼入事
　駿府住車町　岡野重郎右衛門暦信
天和二戌八月二十六日開眼
駿府住車町　岡野重郎右衛門暦信

さらに「体部接合の工合を点検するに、顔面の処二躯とも、後より無理に挽き割り、更に取り付けたる形跡判然たり、依て想ふに、元和創造の際は眼球も木彫なりしを、後ち水晶眼を入替んがため、如此顔面を挽き割り入眼せしものならん。前記天和二年云々眼入の文字の内面部に記しあるは、全くこの時の修繕に執行せしものならん」と見えている。

これから狛犬は、元和三年（一六一七）に作られ、天和二年（一六八二）に木彫眼球部分を水晶眼に変更する修理がされているものの、元和三年に製作された顔の向きは、影響なかったようである。

やはり最初から今日に至るまで変わることなく、裏側には狛犬が居たのかなと思っていると、天保六年（一八三五）成立の『駿河国新風土記』（新庄道雄著）に次の記事を見つけた。

楼門　東照大権現の額は後水尾天皇の宸筆なり、俗に勅額と云、表の方左右に随身あり、裏には風神雷神の像なり、狛犬此門前石階の下にて参詣の諸人杖笠を取履物をぬぐ、

右によれば、楼門の表左右は、現在同様随身があり、裏側に「風神雷神の像」があり、狛犬は、楼門の前方石段下の左右にいたことになる。参拝者は、狛犬が見守る石段の下で杖や笠を置いて、別の清草履に履き替えて参拝したことになる。

ところが天保十四年（一八四三）成立の『駿国雑志』にも楼門の「裏の方に、狛犬相対し向ふ」と見えている。

以上の記録から、元和三年（一六一七）五月二十七日に作られた狛犬は、その後この楼門裏側に来て、天明三年（一七八三）以前までは、表に随身、裏側に狛犬が居たが、その後何らかの理由で、狛犬は別の場所に移動して、そこに風神雷神が収まったことになる。その狛犬は、楼門の前の石段下に居た一対の狛犬なのかそれとは別の狛犬かは判らないが、その後また楼門裏側に居た風神雷神が何処かに移動すると、またそこにもとの狛犬が納まったことになる。それが途中、石段の下に居たものかどうか判らないが、現在楼門裏側にいる狛犬の眼は、水晶眼であり、先の記録により、元和三年当初の狛犬で、風神雷神がいた一時期だけどこかで過ごしてまた元の位置に戻ってきたことになる。

ところで石段下に狛犬が居たとして、その場所が物理的に想像しにくいのである。この楼門裏の狛犬は、石造ではなく、木造であり金箔で覆われている。当然屋根のある建物の下に居たと思われるのだが、そこが推定できないのである。しかし、なぜ風神雷神は、急に狛犬を追い出してまで楼門裏にやって来て、また急に一体何処に行ってしまったのであろうか、謎は深まるばかりで、その理由も判らないのである。

この狛犬は、元和三年五月二十七日作ということであるから、楼門が完成した元和三年十二月当初より、楼門の裏側に居たということになるだろう。

従ってこの狛犬は、ある時期どこからか移ってきたという推測は成り立たないことになる。

日光東照宮表門の狛犬

日光東照宮には、久能山東照宮の一の門に相当する最初の門として、表門がある。その表左右に仁王像を安置しているので、別名仁王門ともいわれている。この門の裏側は、久能山東照宮の楼門と同様、金剛柵の中に、一対の狛犬が安置されている。しかも神前に向かって右側に吽形、左側に阿形が表門の中心線に正対するように安置されている。ここも、久能山東照宮と同様に、標準形式とは逆になっているのである。

現在、日光東照宮では、表門といっているこの門は、天保四年（一八三三）十月成立の『日光山志』に、「二王御門」として見え、その項にその門の表に「右𠁅那羅延金剛左輔密迹金剛長一丈餘」があり「門内裏に金色の狛犬二頭蹲踞す　各三尺許」と見えている。

従ってこの表門には、創建当初、表左右には仁王様が、裏側左右には金色の狛犬一対が対峙していたことになる。そしてこの狛犬は最初から､標準形式とは逆に置かれていたのであろうか。もしそうであるならば、その理由は何か、という疑問が涌いてくるのである。

ところが、日光東照宮の高藤晴俊禰宜は、その著『東照宮再発見』の「表門」の項で「ところで、この仁王様は一時期よそに行っていた。明治4年に実施された神仏分離により、同年3月5日仁王像は大猷院の仁王門に移された。そして門の表には現在裏側にある狛犬が、裏側には寛永年中に琉球から奉納された唐銅製の花瓶が飾られ、正式にはこの時から表門とよばれるようになった。しかし、その後も一般には仁王門と呼ばれ、仁王様がいないのはおかしいとの意見も多く、明治三〇年一一月に至って戻って来た」と記している。

ということは、ここの狛犬は、明治四年三月五日、裏側から表の仁王像の後に引越しして、また明治三十年十一月、最初から居た元の位置に戻ったことになる。

ここの狛犬たちも、久能山東照宮の楼門の狛犬と同じように阿形は、少し頭が左側を、吽形は少し頭が右側を向いているのである。ともに前右足が少し前に出ている。たぶん、この狛犬たちは、明治四年三月五日から明治三十年十一月まで表に蹲踞している時は、阿形は、神前に向かって右側、吽形は左側に位置していたであろうと思う。

また明治四年三月五日以前、裏側にいた時、現在と同じ位置に同じように蹲踞していたのであろうか。もしそうであるならば、何故。

日光東照宮陽明門

久能山東照宮の楼門に相当する、つまり二番目の門という意味では、日光東照宮の門は陽明門ということになる。

ここには、現在門の表左右に随身が、裏側左右に一対の狛犬が蹲踞している。『日光山志』の「陽明御門」の項に「表の左右には極彩色の随身あり裏の方には東に青色風神西に朱色の雷神あり」と見えている。現在は、表に随身が、裏側には狛犬一対が蹲踞している。高藤晴俊禰宜の話によると、明治になって風神雷神たちは、大猷院の二天門に移されたので、そこに現在の狛犬がやってきたのだという。

ここも、神前に向かって右側に吽形、左側に阿形が位置して、門の中心線に正対しており、表門と同じ形式になっている。

ここの狛犬阿形は、頭を少し左に向けているが、吽形は真っ直ぐ正面を向いている。表門の阿形は、角のない獅子、吽形は一角の狛犬であるが、陽明門の吽形には、一角が無い。これは、東照宮以外から持ち込まれた可能性もあるが、原籍は不明である。

しかし、表門、陽明門の阿形吽形ともに、体は金色、阿形のたてがみ、尻尾は緑色、吽形のそれは、紺色の彩色がされているという共通点もある。

楼門と陽明門

久能山東照宮の楼門には、当初から表に随身、裏側に狛犬が居た。途中から風神雷神がそこに来た（『駿河国新風土記』）となると、久能山東照宮の楼門と日光東照宮の陽明門に、ある時期、はからずも表に随身、裏に風神雷神が居たことになる。

ともに、楼門、陽明門の裏側という所定の勤務の位置について社殿の方に向かって立ち、強風や雷雨から社殿を守るという大事な任務を一時期負っていたことになる。

ところが、これらの風神雷神たちは、久能山も日光もいつの間にか、ともに転勤ないし出向を命ぜられることになり、そこに狛犬が再任か新任として勤務することになったのである。久能山の風神雷神は行方不明、日光の風神雷神は、大猷院の二天門に出向中ということになる。

そして再任、新任の狛犬たちも、久能山、日光ともに普通とは逆の位置に座るということになってしまった。それは、阿形は顔をやや左向きに、吽形はやや右向きに作られて本来有るべき位置にあったのが、風神雷神の移転に伴い、その後に座ることになったが、それは、本来の位置にいて、顔を壁に向けるより優先される何か理由があるからではなかろうか。

出土した石狛犬

久能山東照宮は、昭和四十年四月、御鎮座三百五十年記念大祭を迎えた。昭和三十八年より諸記念事業が計画され、その一つに博物館の建設という大事業があった。社務所前南側寄りの高台で、「神仙の岡」という場所に建設されることになった。この場所は、明治四十一年十月三日、閑院宮妃殿下、当宮ご参拝の折ここからの眺望を愛でられ、暫時ご休憩をお取りになったところである。当時供奉の静岡県知事李家隆介が「神仙の岡」と名づけたという。

ここは、明治以前にあった久能山上古坊四院の一つ元和二年（一六一六）建立の宝性院があった所である。その少し北には、松岩院があった。昭和三十八年四月頃より、現博物館建設のために整地工事が始まると、そこから一対の石造狛犬が出土した。その詳細は現時点では判らない。ともに前足と顔面の一部が損壊しているが、前足部分に補助石を加えて久能山東照宮博物館前面左右に設置されている。

唐門表の狛犬

久能山東照宮の唐門の表左右に石狛犬が、標準形式で蹲踞している。現在の石狛犬は、平成十八年に、静岡市内の石材店により奉納されたものであるが、それまでそこに居た右側阿形は、あまり損傷は無かったが、特に左側の吽形が風化して顔面の目鼻口が判明出来なくなって、体全体もいつ崩壊するか判らない状態であった。そこで阿形の複製とそれに対応する吽形が新調されて、従来の指定位置に蹲踞している。

平成十八年までここで頑張っていた阿形吽形も、博物館の出土狛犬の近くに移転を図ったが、吽形は撤去の段階で崩壊してしまったので、阿形だけを博物館の前面、出土狛犬の後ろに移転した。この阿形の胸元には次のように彫られている。

正保四（一六四七）亥年四月十七日
林丹波守勝正
久能山
御宮前
享和三（一八〇三）亥年四月再興之
天保四（一八三三）巳年七月再興之

この記録から、石の狛犬も石燈籠と同じように、地震その他の災害により、崩壊や損傷することがあり、その度に補修ないし新調されたことが、窺い知れるのである。
この阿形は、出土した阿形の後方に座っているが、よく注意して見ると、それとほぼ同じ位の大きさであることに気づいた。そこで損傷のない胴回りを測ってみると、ともに一一五センチで同じであった。出土した石狛犬たちは、天保四年以前の何時かまで、唐門表で勤務し任を終えて永遠の眠りに着こうとしていたのに、また起こされたのかも知れない。

本殿大床左右の狛犬

本殿大床左右にも金色の狛犬一対が、蹲踞している。ここは標準形式となっているが、右側の阿形は、顔を少し左に向け、右足を少し前に出している。吽形は頭を少し右に向け、こちらも右足を少し前に出している。楼門の狛犬阿形は、顔の向き前足の位置も本殿のそれと同じであるが、吽形の方は、顔の向きは同じであるが、前左足が少し前に出ているという違いがある。目はともに楼門裏の狛犬と同じ水晶眼である。

南宮大社の狛犬

岐阜県不破郡垂井町宮代に鎮座の南宮大社に参拝する機会があった。楼門があり、その表側両脇には、随身がいて、裏側には狛犬一対が蹲踞していた。ここの狛犬たちは楼門創建当初から勤務しているのか、後日転勤してきたものか、詳しいことは判らない。

ところが、ここの狛犬は神前に向かって右側に阿形が、左側に吽形が座っている。ここの阿形もやや頭を左に向けており、吽形は右側を向けている。正中線を挟み正対すると、その顔はともに壁睨みになるが、ここの狛犬たちは、体全体を正中線に平行して神前の方を向いて勤務についているのである。従って阿形も吽形も体全体を神前の方に向けて、顔は正中線の方向を向いているのである。

もしかすると、これが楼門裏側の狛犬たちの本来の勤務姿勢かも知れない。

おわりに

久能山東照宮楼門裏側にいる狛犬たちの座る位置に疑問を持ち、日光東照宮の表門の裏にいる狛犬たちへ、そして陽明門の裏側にいる狛犬たちへと目を向けてみた。

全国各地神社楼門の裏側にいる多くの狛犬たちに会ったわけではないので、結論めいたことはいえないいけれども、楼門の裏側に勤務場所を確保した狛犬たちは、阿形は神前に向かって右側、吽形は左側という標準形式により勤務しているのもいるが、久能山東照宮や日光東照宮の狛犬のようにその逆もいるということが判った。

しかし、そのどちらにも共通する点を探すとすれば、その顔を常に神前の正中線ないし門の中心線に向けるように蹲踞するという原則が、不文の服務規則としてあるのかも知れないと思いつつ筆を擱くことにする。

（『季刊　悠久』第一一六号　鶴岡八幡宮　平成二十一年五月三十日発行）

久能山東照宮社殿が国宝指定に

―神饌所も重要文化財に追加指定―

本日は、静岡商工会議所主催で久能山東照宮国宝指定祝賀会を開催して頂き、衷心より御礼申し上げます。主催者代表後藤康雄会頭様、並びに御来賓の徳川御宗家徳川恒孝様、静岡県知事川勝平太様、静岡市長田辺信宏様のご祝辞を頂き、四百五十名の皆様にご参加頂き感激の極みでございます。

ここに、社殿が国宝に、神饌所が重要文化財に指定された経過についてご報告して、御礼の挨拶とさせて頂きます。

平成二十二年十月十五日に開催された文化審議会の文化財分会は、審議・議決を経て、文部科学大臣に対して、建造物の国宝一件、重要文化財七件の新たな指定について答申をしました。静岡県内関係では「久能山東照宮本殿、石の間、拝殿」が国宝に、「久能山東照宮神饌所」が、重要文化財に指定されるよう答申されました。建造物の国宝指定は、静岡県初となります。そして平成二十二年十二月二十四日付で官報に掲載され、社殿の国宝、神饌所の重要文化財指定が実現しました。

久能山東照宮は、徳川家康公を祀る神社として創建され、元和三年（一六一七）に建立された本殿、石の間、拝殿は、いわゆる権現造の形式をもつ複合社殿で、中井大和守正清によって造営されました。全国に鎮座する東照宮で、最も古い東照宮ということになります。

社殿は、伝統様式である和様を基調とし、複雑な構成になる立面や軒廻りなど巧みにまとめており、細部も整った意匠をもっています。また、要所に彫刻や錺金具などを用いて荘厳化をはかり、江戸幕府草創期における質の高い建築技術や工芸技術を伝えています。

社殿は、駿河湾方向に南面し、拝殿の浜縁には、光沢のある朱漆が塗られていますが、そこに日の光が当たり反射して、拝殿の中の蟇股彫刻に当たるように工夫されています。他にも、金箔の光の反射を利用して、随身に光が当たるように作られているところがあります。

また、久能山東照宮本殿、石の間、拝殿は、極めて洗練された意匠をもつ権現造社殿であり、江戸幕府における造営組織の草創期において、その礎を築いた中井大和守正清の代表的遺構の一つとして貴重であるとともに、江戸時代を通じて、権現造社殿が全国的に普及する契機となった東照宮建築のうち、最初に建てられた社殿として、わが国の建築史上、深い意義を有している点が、高い評価を受けて指定されることになったようです。

中井大和守正清は、永禄八年（一五六五）大和国に誕生しています。二条城、伏見城、江戸城、駿府城の城郭、知恩院、増上寺、仁和寺など多くの作事に携わった正清は、元和二年（一六一六）四月、久能山に家康公を祀る社殿の造営を命ぜられました。続いて日光東照宮の造営が始まっています。正清が最後に手がけた日光東照宮は、旧奥社拝殿が移築されて、現在、世良田東照宮拝殿として残っています。

中井大和守正清は、元和五年（一六一九）近江国で五十五歳の生涯を閉じていますので、久能山東照宮社殿は、中井正清の最晩年の傑作といえます。

神饌所は、社殿手前の一段低い参道脇に建ち、正保四年（一六四七）に建てられた建物です。平面は桁行五間、梁間三間、入母屋造、銅瓦葺で、内部は、神饌を調える部屋を二部屋配置しています。

神饌所から渡廊で本殿前面の石の間に接続していますが、途中にある階段は、板を重ね合わせた特殊な様式を採用しています。

久能山東照宮は、江戸前期に幕府によって建設された質の高い社殿群が保存されており、同時期に建てられた神饌所は、これらの社殿と一体となって境内建物を構成しており、高い歴史的価値が認められたわけです。

本日、皆様に頂きました祝意や激励のお言葉を深く心に刻み、宮司としての職責を果たすことをお誓いして御礼の挨拶と致します。ありがとうございました。

（静岡商工会議所主催「久能山東照宮国宝指定祝賀会」挨拶
於ホテルセンチュリー静岡　平成二十三年九月三十日）

くのうざんものがたりの舞台

久能山東照宮を学ぶ

久能山東照宮の創建

徳川家康公は、元和二年（一六一六）四月二日頃、家臣たちを集めて遺言を残しました。その内容は「自分が死んだら久能山に西の方角に向けて埋葬する事　葬式は江戸の増上寺で行う事　位牌は岡崎の大樹寺に建てる事　一年経ったら日光に小さな祠を建立し神として祀る事」というものでした。

家康公は、それから半月後の元和二年四月十七日、巳の刻（午前九時～午前十一時）駿府城にて七十五歳で、その生涯を閉じました。御遺骸は遺言によりその日のうちに、小雨の降る久能山に運ばれました。そして四月十九日、神葬祭によって葬儀が執り行われました。

三日後の二十二日、二代将軍秀忠公は久能山に登り、久能城を撤去して家康公を祀るための神社の創建を指示、久能城は取り壊されて五月より現在の社殿の創建が始まり、翌年十二月七日に竣工しています。一年七カ月で現社殿他の建造物が竣工したことになります。久能山東照宮は、久能山の中腹海抜一六〇メートルの位置に鎮座、山下から一一五九段の石段を登ったところにあります。

当然のことながら、徳川家康公を主祭神として祀り、織田信長公と豊臣秀吉公を、相殿神として配祀しています。

大工大棟梁中井大和守正清

久能山東照宮社殿は、大工大棟梁中井大和守正清によって造営されました。中井大和守は、奈良県の法隆寺の修複を手掛けて、現在の法隆寺を伝えるために多大の功積を残した人ですが、京都の仁和寺の金堂、二条城の二の丸御殿などがその作として有名で、国宝に指定されて、世界遺産にも登録されています。

その優れた能力は、家康公に認められて、一人の大工から、現在で言えば、国土交通大臣位まで出世しました。家康公が亡くなると、幕府の命により、その能力すべてを注ぎ込んで作ったのが、久能山東照宮社殿ということになります。

平成二十五年現在、わが国の国宝建造物は、二一五件、二六四棟あります。その内六十七棟が江戸時代の創建で、全体の四分の一です。その内の二十棟は、中井大和守正清を中心とする中井家の仕事で、江戸時代国宝建造物の三割にあたります。

家康公の願いは平和な世界

家康公は、征夷大将軍になると、先ず百姓の「一斬捨て禁止令」を出しています。そして当時の武士の基本的学問『朱子』の新註を出版しています。

辛くて長い戦国時代に終止符を打って、誰もが幸せに暮らせる天下泰平の世の建設に力を尽くしたのです。

戦争状態であった朝鮮半島とも和平の道を探り、使者を送って交渉し、捕虜の返還要求があると、慶長九年（一六〇四）までに男女一七〇二人を送還しています。同年朝鮮より使者が対馬へ、さらに京都伏見城にて引見し和睦を議して帰しています。

その後、朝鮮通信使が江戸時代を通じ十二回も派遣されて、平和交流が実現しました。

また、慶長十四年（一六〇九）、フィリピンから船出して、メキシコに向かっていたスペインの船が、嵐に遭い千葉県の海岸に難破上陸しました。三七三人の内五十六人が溺死三一七人を村人が救助しました。家康公は、「総督等船員を親しく歓迎すべし」という命令を出し、その後彼らを船でメキシコまで送り届けます。

久能山東照宮拝殿の正面真ん中に司馬温公の瓶割りの彫刻があります。日光東照宮陽明門の正面真ん中にも同じ瓶割りがありますが、東照宮信仰の中心に命の尊重があり、平和への願いがあります。

「くのうざん　ものがたり」は、この「司馬温公の瓶割り」に焦点を当てて、命の大切さを学ぶことを意識しつつ、創作された、たたらなおき氏の作品です。

国宝久能山東照宮社殿

平成二十二年、久能山東照宮の社殿が国宝に指定されました。我が国の権現造りの原初的形態として、また中井大和守の晩年の遺作として、そして創建当初の部材が殆ど残っている点等が評価されてのことですが、日の光を、殿内に取り込む工夫など、中井大和守の建築設計と建築技術の高さは、国内外から注目されて、数多くの参拝者が訪れています。

私は、中でも特に建物に施された「司馬温公の瓶割り」をはじめとする様々な極彩色を施された彫刻に、家康公からの大事な伝言を探しています。読者の皆さんも、ぜひ久能山東照宮へ足を運んで「唐獅子と牡丹」や「獏」、「瓢箪から駒」などからの伝言を受けて下さい。

百獣の王といわれる獅子。百花の王といわれる牡丹。頭も体も心も鍛えて獅子のように強くなれ、そして牡丹の花のように美しく優しくあれ。家康公は、私たちに強くて優しい人になって欲しい、自分の命も他人の命も大切にして欲しいという気持ちを、社殿の彫刻を通して、私たちに訴え続けています。

（『くのうざん　ものがたり～司馬温公の瓶割り～』
たたら　なおき　さく　駿府書房株式会社　平成二十五年十月十七日発行）

二　文化財を守り 伝える

文化財所有者として思うこと

現在手元にある資料によると、平成七年静岡県の国・県指定文化財は約七七七件となる。国指定で静岡県内に所在の物二二七件、県指定の物五〇〇件、国指定、県指定ともに四十七都道府県では、その数は第十位に位置する。国指定の文化財の約半数が近畿地方に集中していることから考えると、静岡県は指定文化財の多い県といえるだろう。京都府、東京都、奈良県、滋賀県、大阪府などの順になっている。

静岡市内の指定文化財数は、国宝が二件、国の重文・史跡等六十二件・県指定文化財四十五件、合計一〇九件となる。このような多くの文化財を通じて古い歴史と伝統を語れる静岡市は、観光事業や街興しに文化財の更なる活用の道を探っていく必要があるだろう。

私は、文化財所有者の立場として、その保存に万全を期すことは勿論、文化財に込められている先人のメッセージを、どの様に読み解き、これからの街づくりや人づくりに活かすことができるのかを考える必要があると思っている。

そこで久能山東照宮宮司・博物館館長の立場から、まず久能山東照宮の重文建物の素晴らしさに注目したい。その社殿は、木造でありながら三九〇年の風雪に耐え、尚その偉容を保って建っている。四百年前の先人が残した建築のみならず、細部にわたる工芸技術の高さに敬意を表さずにはおれない。

壁や軒下等全体的に塗られた漆塗り、極彩色の見事さ、その奥にある彫刻や絵のテーマに潜む高い道徳性や平和な世界への思いに、強く心を引かれるのである。

紙数の都合で、具体的な解説は割愛するが、司馬温公の瓶割り、獏、獅子と牡丹、小鳥と花の彫刻などである。さらに博物館に収蔵する品々も今に生きる者に、大事な伝言を内包しているのである。

平成十一年現在、静岡県内に博物館・美術館・郷土資料館・動物園水族館など一九七施設があり、このうち静岡市内に十六の施設がある。この数が多いと見るか、少ないと見るか意見の分かれる所であろうが、静岡市または県に本格的な歴史博物館の設置を望む声があることを知っている。

それはそれとして、まず既存施設の内容が充実、充分活用されているかという再検討が必要であろう。文化財所有者は、市民の宝である文化財保存のために多額の経費を負担しつつ、その保存に万全を期して、価値を多くの人々に伝えていくという活用の道を歩いている。文化財の多くは、神仏に捧げられた先人の信仰の結晶であり、教育資源、観光資源でもあるといえよう。

（静岡県文化財保存協会『会報』第六十九号　平成十八年三月三十一日発行）

平成の大修理

平成二十二年十月十五日、久能山東照宮社殿が国宝に、神饌所が重要文化財に追加指定されることになった。夕刻テレビ、ラジオ等で、翌日の各紙朝刊でも大きく報道された。大勢の方よりお祝いを頂いた。特に静岡市民を中心にご自身の慶事のように喜んで頂き、感激の極みである。心を寄せて頂いた総ての方々に深く感謝の意を表したい。おかげで、参拝者も急増したが、それだけに安全確保と文化財の保護に細心の注意が必要と思っている。

私は、先代松浦國男宮司の要請により平成十一年、久能山東照宮に権宮司として赴任して来たが、何を期待されているのかは、ハッキリしていた。平成二十七年に迎える久能山東照宮鎮座四百年大祭を記念事業とともに成し遂げること。その第一歩が、参道石段と石垣の補修事業であり、続いて御社殿他重要文化財指定建造物の塗り替えを中心とした大修理である。

この事業は、経費の所有者負担もあるが、多額の公的補助を受けての事業であるために、文化財保護行政や関連事務に堪能な人材が不可欠であった。幸いにも神社内部にその存在があった。禰宜として長年勤務して、定年を迎えようとしていた藤田和郎氏、私が宮司に就任するとすぐに権宮司就任を要請して、その任にあたって貰った。

長年の経験と堅実で地道な努力を以て、今日に至る手間暇掛かる仕事の殆どを受け持って貰い、お陰で、私はその進捗状況を見守りながら、この事以外の宮司としての職務、さらに全国国宝重要文化財所有者連盟他の役職を務めて、文化財保護活動に邁進することができた。

また、他の追随を許さない、優れた技術と誇りを持って、修理事業に当たられた小西美術工藝社他の職人衆の努力も見逃すことができない。その出来栄えも今回の社殿国宝指定に少なからず影響があったことであろう。この間、修理の時しか見られない内部構造や修理の手順等を間近にしながら、漆、金箔、錺金具、極彩色の絵の具のことなど、小西美術工藝社の原登会長他関係者から教えを受け、現物を拝見するなど有難い経験をすることができた。

今では、これら修復後には見られない構造や技術のことなども、参拝者に説明することができるようになった。さらに、先人の事に当たった情熱、極彩色の彫刻や絵画に込められた家康公から現代に生きる人々への伝言なども、多くの人々に伝えていくように努めている。

平成の大修理には、多額の経費がかかり、久能山東照宮の財力だけでは当然無理で、静岡市民、県民の皆様のお力添えをお願いしている状況である。そこで、すでにお世話になっている地域や皆様のために神社として何ができるかも考えなければならない。

それは、地元の皆様に、また県外から、さらに海外からも多くの人々が久能山東照宮を目指して来て頂けるよう努力することを以て、静岡市、静岡県の発展に微力を尽くすことである。

（「静岡新聞」　平成二十二年十一月三日朝刊）

文化立国を目指して

文化財修理技術保存連盟全国研修大会来賓挨拶

皆さん、こんにちは。ただいまご紹介を頂きました全国国宝重要文化財所有者連盟理事長（全文連）の落合偉洲と申します。一言、ご挨拶申し上げます。本日はまことにおめでとうございます。

今日は、第一回の文化財修理技術保存連盟（文技連）の全国研修大会にお招きを頂きまして、ありがとうございます。

また平素、国宝・重要文化財等の建造物修理に御活躍を頂いております皆様に、所有者を代表して御礼申し上げます。

皆様方は、全文連の主催致します伝統技術保存団体連絡協議会のメンバーのうち、建造物部門が独立されて、平成十六年に文技連を結成されました。全文連といたしましても、平素から皆様方の御活躍を期待申し上げますとともに、文化庁とも再三、今後の文技連の発展について話し合いを重ねてきたところでございます。また、各団体研修会にも私どもは出席させて頂きまして、後継者の育成にもお手伝いさせて頂いております。

全文連は、全国の国宝・重要文化財の所有者、主に建造物を中心とする団体ではございますが、先ほどの京都府文化財保護課長磯野様のお話にもありましたように、国の文化財保存修理の予算増額の要望活動をしております。多くの皆様のご支援によりまして毎年、少しずつ予算は増加しております。誠に有難いことと思っております。

さて、日本の国の将来像を考えていきますと、文化財、文化立国という所に大きく比重を置いて、日本の国の発展を図って頂きたいと願っております。文部科学大臣等に文化財用件でお会いする時には「将来の日本は、文化立国を目指して頂きたい。文化財の保存、修理、活用、それに付随する観光、そういうところをもって大きく日本経済が回転していく方向を目指して欲しい」とあらゆる機会に主張しております。

また同時に、木造建築の規制緩和もあらゆる機会を通じてお願いしております。木造建築の規制緩和こそが、日本の伝統技術を発展させていくことに大きく繋がっていくものと、私は考えております。

神社や寺院を建て替えようとした場合「木造ではダメです。建築基準法や消防法がありますから」という理由で木造での建て替えができない場合も少なくありません。自由に、従来と同じような木造の建物が建てられていく、そういう点での規制緩和が図られていくことによって、林業や文技連の発展につながり、皆様方が日頃磨き続けている技術も、さらに生きてくるように思います。

私達は、先祖が長い間に積み上げてくれた伝統の上に生活を営み、日本文化を享受しています。その源泉については、古典が教えてくれます。我が国で最も古い書物『古事記』には、「日本人は神から頂いた米を食べて、杉や檜で作った家に住め」と単純明快に書かれています。この神々からの伝言をしっかり受け止めて、この日本列島の上で最も住みやすいかたちで、日本の文化を継承して行ける国になることを願っています。

木造建築、及びそれに付随する様々な技術が、世界の国々にも知られて、多くの国々から注目され尊敬される文化立国へつながっていけば幸いに思います。

本大会には、文化庁より村田建造物担当参事官、京都府磯野文化財保護課長のご出席を頂き、また伊藤延男先生の基調講演がございます。大変楽しみにしているところです。

本会が盛大な会になりますことをお祈りして私の挨拶と致します。

（於「ルビノ京都堀川」京都市　平成二十三年七月三日）

文化財保護行政の充実を

―全文連設立二十五周年を迎えて

公益社団法人全国国宝重要文化財所有者連盟理事長

昭和五十二年、全国七地区から文化財所有者三十八名が、京都に結集して全国重要文化財所有者連絡協議会（全文連）を結成しました。年末に東京で第一回総会を開催して以来、文化財所有者が、文化財保存と活用という歴史的使命を持って今日まで、活動を続けて参りました。この間四十年の歳月が流れています。

平成四年五月二十七日に、文部大臣より社団法人全国国宝重要文化財所有者連盟として認可書の交付を受け、平成二十四年四月一日から公益社団法人となりましたが、社団法人としての活動を開始してから、本年度で二十五周年という記念すべき年を迎えることになりました。

この間、全文連会報も一〇七号を刊行する運びとなり、国会議員の先生はじめ文化庁長官ほか多くの専門家・技術者・所有者から戴いた掲載玉稿は、本会の活動の経過を知る貴重な財産となっております。

全文連では、六月と十二月に東京で総会を開催して、翌日陳情活動を行っております。国宝・

重要文化財の修理・管理・活用のための予算を中心に、防犯・防災保存施設整備、文化財保存に必要な技術・技能の継承や修理用資材確保など幅広い支援体制の充実を、文化庁にお願いする活動を行っております。

特に過去五年間を振り返ってみますと、全国各地で、国の大事な財産である文化財の保護及び活用活動に邁進されております会員の皆様並びに行政の立場から文化財の保存にご指導ご尽力頂いております文化庁、都道府県市町村文化財担当課の皆様、そして政治家として大所高所よりご指導ご支援頂いております地方議員の先生、国宝重文を護る会の国会議員の先生方のお力添えにより、確実にその実績を確認することができます。

全文連関係予算も平成二十四年度は、一〇五億、二十五年度一一四億、二十六年度一二〇億、二十七年度一二〇億、二十八年度一二五億、二十九年度一三五億という推移をみることができます。

また、平成三十二年開催予定のオリンピック・パラリンピックに向けての国の観光立国政策も、文化財が観光資源としての重要な位置付けになります。観光資源への投資という観点から、更なる関係予算充実が期待されるところです。

現在は、正会員五八九名、協賛会員一五一名、合計七四〇名となっています。五年前は、正会員五八四名、協賛会員一五三名でした。合計七三七名で三名増になります。

全文連事務所は、長らくお世話になりました知恩院から、隣接する八坂神社境内に移転することになりました。平成二十七年一月より八坂神社の現在地でお世話になっています。

重要文化財の所有者で正会員未加入の方がありましたら、全文連活動の意義をご説明頂き、勧誘のほどお願い申し上げます。文化財所有者として改めて、負うべき使命の重さを自覚しつつ、更なる前進を期して、新たな一歩を踏み出したいと思います。

ここに、本会発展の為にご尽力頂きました数多くの皆様に深く敬意を表しますとともに、全文連活動が益々発展致しますよう、関係各位のご指導ご鞭撻のほどをお願い申し上げて、挨拶と致します。


（公益社団法人全国国宝重要文化財所有者連盟会報『全文連通信』一〇七号　平成三十年一月三十一日発行）

大前神社重要文化財指定記念式典祝辞

――久能山東照宮の取り組み紹介

栃木県真岡市鎮座の大前神社の本殿、幣殿、拝殿が、平成三十年十月十九日の文化審議会の答申を経て、旧臘二十五日に国の重要文化財に指定されました。まことにお目出度く、衷心よりお祝い申し上げます。

大前神社は、奈良時代神護景雲年間（七六七～七七〇）に再建され、延喜式下野国十一社の一つという県内でも格別の御由緒を持つ古社であります。また大前神社大大神楽は、平成十五年三月十一日、無形民俗文化財に指定されています。このように文化財の宝庫としても、広く氏子崇敬者の報賽の真心が寄せられて、御社頭の賑わい絶えないお社であります。本日に至るまでの柳田耕太宮司様はじめ神社責任役員、総代各位の寄せられた崇敬の誠に敬意を表したいと思います。

大前神社におかれましては、御造替一二五〇年奉祝記念事業の一環として、本殿瑞垣内特別拝観制度を開始されるとともに、各種整備事業を展開して、御神徳の更なる宣揚に邁進しておられます。

今回の社殿重要文化財指定を契機に、氏子区域以外からも多くの参拝者が見込まれます。このことは、御神徳の宣揚のみならず観光立国を実現する上で極めて重要な資源として、真岡市の観光行政や、商工会活動とも深く関わって文化、経済発展に多大の貢献が期待されます。

さて、私が理事長を務めます「公益社団法人全国国宝重要文化財所有者連盟」は、平成四年五月に文部大臣の認可を受けて、平成二十九年に創立二十五周年を迎えております。正会員五八八、賛助会員一五三、合計七四一の会員を擁しています。大前神社におかれましては、本会の主旨にも賛同頂き、さっそく入会の御意向を賜っております。栃木県内の神社の会員では、日光東照宮、日光二荒山神社に次いで三番目になります。

ご承知の通り、文化財の保存、修理等多額の経費が必要であります。本連盟は、会員一丸となって、文化財保護行政の充実のために日夜努力を重ねております。年に二回、東京で総会を開催し、翌日には、自民党国宝重文を護る会の先生方を中心に、国宝・重要文化財の修理・管理・防災事業に関する政府予算の充実を期して要望活動を行っております。

お陰をもちまして、平成二十九年度は、約一三七億円、平成三十年は約一四三億円、そして平成三十一年度も更なる予算がついております。これも会員各位の文化財保護に対する使命感と熱意の賜物であります。

ところで、私が宮司を務めます久能山東照宮の様子も少し紹介して欲しいとの事。

当社は、平成十四年より、重要文化財社殿他十三棟の保存修理事業開始、平成二十年に完成しましたので、平成二十一年四月より拝観料を三五〇円から五百円に改定しました。参拝者減も覚悟しておりましたが、幸いその影響は少なく、社入は増加しました。二十二年度は、十月十五日、国宝指定決定の報道がされると翌日から毎日年末まで、日曜日なみの参拝者となりました。

平成二十三年になると久能山東照宮神輿会主催や、地元久能自治会連合会大谷自治会連合会共催の久能山東照宮国宝指定祝賀会が開催されました。自治会では、町内会でお祝金を集めて頂き祝賀会の席で封筒に入った祝金を衣装ケースごと頂きました。また四月に開催予定でした静岡商工会議所（後藤康雄会頭）主催の祝賀会は、三月十一日発生の東日本大震災により、延期されましたが、九月三十日、駅南のホテルセンチュリー静岡に於いて、徳川御宗家第十八代御当主徳川恒孝様、川勝平太静岡県知事、田辺信宏静岡市長のご列席と約四百五十名のご参加を頂き、盛会裡に開催して頂きました。また静岡駅北側に、久能山東照宮国宝指定記念碑ができました。静岡市内の静岡葵ライオンズクラブと全国にある十三の葵ライオンズクラブが、静岡市内で一堂に会して全国大会を開催、その記念アクティビティとしての創建でした。

また国宝指定記念切手が発売され、雑誌静岡人で『国宝久能山東照宮』が刊行されました。その他にも、国宝を記念するお菓子、お茶、お酒など多くの地元産品が発売されて、現在も多くの参拝者に好評を頂いております。

十一月には、神社新報に静岡鉄道株式会社を中心に、地元事業者等の協賛を頂いて、久能山東照宮国宝指定奉祝全面特集を組んで頂きました。

予てより改築の必要があった弓道場も、鉄骨の骨組みだけを残して改築することができました。海道一の弓取りと謳われた家康公の東照宮に相応しい立派な弓道場になりました。

その他の話題としては、家康公の洋時計調査が挙げられます。大英博物館の先史ヨーロッパ計時器収集部部長デービッド・トンプソン氏が来日、久能山東照宮社務所にて五月十六日・十七日の両日、詳細にわたり調査を実施し、その模様はテレビの全国放送でも紹介され、多くの人々の関心を集めました。

この時計は製作当初の原形を残している点で、現存する世界で唯一の貴重な時計であるという評価がなされました。

その後九月上旬に英文による詳細な調査報告書が届き、専門家による邦訳を依頼して関係資料等を添えて報告書としてまとめて十一月中旬に印刷製本が完了したので、十一月二十二日、近藤誠一文化庁長官に調査報告書を直接手渡し、国宝指定への検討をお願いしました。

平成二十五年は、日本と英国が国交を樹立してから四百年という記念すべき年でした。慶長十八年（一六一三）、家康公は、英国国王ジェームズ一世の使節団代表のジョン・サーリスに通商を許可する朱印状を渡しました。この朱印状が英国オックスフォード大学に保管されており、その複製を作成致しました。

六月十一日には、英国大使館で、「日英交流四百年記念」講演会が開催されて、大使より招待を受けるとともに、ご挨拶の機会を頂きました。

九月二十九日には、この朱印状複製を公開するとともに、ロンドン大学教授タイモン・スクリーチ氏を久能山東照宮に招聘して、「日英交流四百年記念」講演会を開催し、十月四日から十二月二十四日まで、博物館二階で「日英交流四百年特別展」を実施致しました。

また十一月十八日には、英国大使館を訪問して、この朱印状複製をティム・ヒッチンズ駐日英国大使に直接手渡すことができて、英国大使館公邸に飾って頂くことになりました。朱印状を渡した後、約三十分間に亘り、久能山東照宮や朱印状に関する懇談の時間を頂き、近い将来に参拝したいとのお話もありました。

今後、大英博物館の調査を受けた家康公の時計のレプリカ作製など、英国大使をはじめ英国の古時計関係専門家のお世話になることが多くなると思われます。四百年を迎えて新たに紡がれる日英交流の絆を更に発展させていきたいと思っています。

平成二十七年、四月十二日には、地元久能地区、大谷地区自治会連合会の四百年記念合同事業久能山下参道築地塀竣工奉告祭及び祝賀会が上川陽子法務大臣御参列のもと地元協賛者を中心に盛大に催行されました。

四月十七日の御例祭を中心に前後五日間の祭儀を盛会裡のうちに斎行することができました。徳川御宗家をはじめ、徳川御三家、徳川御三卿、他徳川家、松平家等御祭神と由緒深き方々の御参列及び千人を超える崇敬者の御参列を頂き感激の極みでした。またこの間、御社頭では、奉祝行事が執り行われました。

四月十五日には、ほまれ会の舞踊と久能小学校児童の合唱・合奏が神楽殿にて奉納されました。十六日は、小笠原流御宗家の指導による弓術百々手式が見晴台で、アンサンブルローズの合唱が五重塔跡で、ほまれ会舞踊が神楽殿にて奉納されました。十七日は、久能山東照宮神輿会が主催して太鼓、舞踊、お囃子、木遣り等の奉納が五重塔跡で奉納されました。十八日も前日同様に書道の実演が加わり、最後の十九日には、梅ヶ島神楽及び翁雅楽会による舞楽が、拝殿と神楽殿で奉納されました。

また、六月十日「時の記念日」には、グランシップを会場に家康公四百年記念シンポジウムを主催して、家康公の時計を巡って、静岡県立美術館芳賀徹館長、ロンドン大学タイモン・スクリーチ教授、宮城学院女子大学平川新学長、小西美術工藝社デービッド・アトキンソン社長に家康公の平和外交について論じて頂きました。

九月には、表千家御家元による献茶式も行われて、四百年祭に花を添えて頂きました。

平成二十九年一月二十六日より三十日まで、静岡商工会議所では、静岡市と共同でメキシコを訪れ、国立多文化博物館に「家康公の洋時計」の複製を寄贈、私も同行しました。

平成三十年には、四月中旬、日本平ホテルを中心に日本・スペイン会議が開催されました。十五日には、駐日スペイン大使ゴンサロ・デ・ベニート大使や元外務大臣他要人が多数参集の日本平ホテルに、家康公の洋時計とそのレプリカを運び紹介することができました。また翌日には、東照宮にご参拝頂き、博物館も拝観して頂き、家康公の平和外交について一層の理解を深めて頂きました。

十一月十日、徳川家歴代十五代将軍夢のそろい踏みプロジェクトの第一弾として「徳川家康公よろい甲冑修復費用支援金募集」を開始致しました。当宮博物館には、徳川歴代将軍所有の他徳川将軍家と関係深い甲冑が六十三領収蔵されています。その内には修理を必要とする物が多くありますが、まずは家康公所有から始めることになりました。

このプロジェクトは、株式会社パルコの全面的協力を得て、クラウド・ファンディングにより、五百万円を目標に本年二月五日まで募金を行う予定です。

また、平成二十九年の特筆事項として、四月七日、天皇皇后両陛下とスペイン国王フェリペ六世王妃両陛下の静岡市ご訪問が挙げられます。そしてその日の午後、家康公の時計を、浮月楼にてご覧になりました。僅か五分の短い時間でしたが、時計の説明という大役を頂きました。天皇陛下からご下問があり、国王陛下からもお言葉を頂き、有難いことでした。

翌日の四月八日より五月二十八日まで宮崎県立美術館での久能山東照宮展が開催されることになっていました。そのために、その後直ちにこの時計を抱えて東京に向かい、午後八時頃に宮崎県立美術館に到着、翌日の展覧会初日には、多くの宮崎県民にご覧頂くことができました。静岡商工会議所にもこの展覧会にご支援ご協力頂き、会員多数宮崎に行き、美術館に足を運んで頂くとともに、宮崎商工会議所との交流会も企画して頂きました。

この展覧会には、家康公の時計の他、歴代十五代将軍の甲冑や久能山東照宮所蔵の名刀も一堂に展示されることになりました。

実質四十四日間の会期に、宮崎県内のみならず、九州各県からも多くの来館者があって四万五千人に拝観して頂きました。お陰様で久能山東照宮所蔵の宝物を通じて、ご祭神徳川家康公のご遺徳を宮崎の地で顕彰することができました。

平成三十年三月十七日、フラメンコギタリスト吉川二郎氏が、家康公の洋時計の物語からギター独奏曲「時の使者　ＥＶＯＣＡＣＩＯＮ」を作曲して、神前にて奉納演奏をして頂きました。このことは、久能山由緒顕彰会の多大なご支援のもとに実現しました。その後、四月二十日、静岡音楽館ＡＯＩで、吉川二郎氏演奏活動四〇周年記念コンサートでもこの曲が演奏され、多くの市民に聞いて頂くことができました。吉川二郎氏他久能山由緒顕彰会の皆様に深く感謝致しております。

ところで、神社所有の刀剣で、研磨等の修理が必要な刀剣が、十振りあって、これも刀剣修復プロジェクトを立ち上げて、株式会社パルコの全面的協力を得、クラウド・ファンディングにより、募金を行い、目標額五百万円に対して三千万近く基金が集まりました。修復が出来次第、お披露目をしていく予定でおります。

明年の東京オリンピック・パラリンピックに向けて、外国人参拝客は増えるものと思われます。日本語、英語、中国語の音声ガイドも用意して対応しています。

世界の国々から信頼と尊敬される文化大国日本の理想を求めて、活動を共にすることを、約束しつつ、お祝いの言葉といたします。

（於大前神社社務所　平成三十一年三月三十日）

久能山東照宮文化財保存顕彰会 ご挨拶（コロナ禍で総会中止）

会員の皆様におかれましては、いよいよご健勝にてご活躍のこととお慶び申し上げます。

平成三十年十一月二日、日本平に展望施設「日本平夢テラス」がオープンし、令和元年九月十四日、東名高速道路の静岡と清水インターの間にスマートインターが、念願通り「日本平久能山スマートインターチェンジ」として開通しました。おかげで以前より多くの参拝者に久能山東照宮及び博物館へ足を運んで頂きました。

また九月二十一日より十一月十七日まで、広島県福山市の「ふくやま美術館」、「福山城博物館」、「ふくやま書道美術館」で特別展「水野勝成福山入封四〇〇年記念　国宝　久能山東照宮—徳川家康と歴代将軍ゆかりの名宝—」が予定通り開催され、多くの広島県民のみならず隣接岡山県民の皆様に徳川家康公及び久能山東照宮を紹介することができ、成功裡に終了することができました。

時代も平成から令和となり、初めての新年を迎えました。やがて新型コロナウイルス感染症拡大の影響が、徐々に出始めて四月になると、参拝者の数が前年の一割程度にまで減少しました。

四月二十日より五月八日まで日本平ロープウェイも運休となり、神社では、二十五日から五月三十一日まで、博物館を休館しました。

話は変わりますが、今年（令和二年）は六月十日、時の記念日が制定されて百周年を迎えます。二十年前に、八十周年を記念して、家康公の時計についての話とその音を聞く会を開催して、会員の皆様他多くの方々にご参加頂きました。

百周年の今年も何かと考えていましたが、行事の開催を諦めて博物館では、家康公の時計とその革箱も展示、神社では一日限定、時の記念日百周年御朱印をお頒けしました。合わせて、ＳＢＳラジオで、家康公の時計の話を博物館から生放送しました。
新型コロナウイルス感染症の影響は、当分続くものと思われます。外国人のみならず、県外からの参拝者も多くを期待できない状態が続くでしょう。このような時期に、久能山東照宮文化財保存顕彰会としては、地元静岡県民の皆様に当宮文化財をよりご理解頂くような企画や努力をする道があるように思います。
今後とも本会活動に深いご理解と物心両面に亘るご支援、ご指導のほどをお願い申し上げます。

（『久能山東照宮文化財保存顕彰会　會報』第五十三号　令和二年八月一日発行）

例年、八月下旬に社務所で開催しております総会及び懇親会は、新型コロナウイルス感染者が増えている現状を考慮して中止、本会報及び議案書送付を以て代えさせて頂きました。

三　家康公洋時計

家康公洋時計調査について

今回、大英博物館の先史ヨーロッパ計時器収集部部長（Senior curator of the horological collections in the Department of Prehistory and Europe at the British Museum）デービッド・トンプソン（David Thompson）氏による調査対象の時計は、久能山東照宮博物館収蔵品で、昭和五十四年六月六日、徳川家康関係資料として一括重要文化財に指定された七十六件一九一点のうちで「洋時計　一五八一年マドッリド製刻銘（革箱付）」である。時計は高さ二十一・五センチ・幅十・六センチの正方形、重量は二八〇〇グラム。付属の運搬用革箱は、高さ二十五センチ・幅十二・五センチの正方形で、正面の時計文字盤の位置する場所に円形のガラスを嵌入した窓がある。

＊＊＊

久能山東照宮は、平成二十七年四月、御鎮座四百年という記念すべき年を迎える。今は、宮司として博物館館長として、その歴史と伝統継承の跡を省みて、その重みを自覚しつつ、先人の偉業を称え、顕彰していくための諸準備を進めている。今回の調査もその一環ということになる。

当宮博物館には、歴代将軍関係文物等、二千点以上の美術工芸品を収蔵、特に重要文化財指定の家康公関係資料を中心に、逐次博物館にて展示公開している。

しかし、所有者には、これらの文化財を最も良好な条件のもとに管理して、後世に伝えることと、それぞれの文化財について研究を深めて公表し、その価値についても言及するという重い責務がある。それは、歴史的使命ともいえよう。

結果、日本文化の発展や接する人々の想像力の涵養、心の豊かさにまでも深い関わり持つということになれば幸いなことである。

家康公洋時計は、その製作時期、場所、製作者名及び家康公の手元に辿り着く経過等、その話を五分も聞けば、誰でも日本外交史の上に、さらに世界の時計発達史に深く関わった逸品であることが理解できるはずである。

この貴重な国家的財産を預かる所有者は、駅伝で襷を受け取って次の走者に繋ぐために、確実に歩を進めている走者に似ている。自分の役割と能力を自覚して、堅実に未来に繋がなければならないと思うのである。

＊＊＊

平成二十三年二月十七日、久能山東照宮春季大祭、直会の時新任の挨拶も兼ねて参列された小西美術工藝社会長デービッド・アトキンソン(David Atkinson)氏に初めて会った。直会後、宮司室でこの時計を話題にしてみた。話をしていると、すぐにアトキンソン氏が、ヨーロッパの古時計に並々ならぬ造詣の持ち主であることがわかった。私が読んだこの洋時計に関する学術論文の中から幾つかの疑問点を質問してみた。的確で説得力のある答えが返ってきた。そしてこの人は、この時計の管理・保存の方法とこの時計の持つ未知の学術価値を導き出すために、多いに働いてくれるかけがえのない人物であることを確信したのである。

氏は、私の話を聞いて、「古時計を収集している博物館はヨーロッパには幾つかあるが、収集量のみならず研究の最も最先端を行くのが、大英博物館の古時計専門部署であり、そこの専門家に意見を聞いてみたらどうか。そのための手伝いをしましょう」という申し出を頂いた。

＊＊＊

その後、この時計の内部構造を各方面から撮影した詳細な写真を大英博物館に送るために、時計の外板を取り外す必要があることから、文化庁美術学芸課の担当者に相談、「保存に影響を及ぼす行為」にならないよう諸注意点を指導頂き、火縄銃及び古時計に深い造詣を持つ、大阪市在住の澤田平氏にその作業をお願いした。

平成二十三年六月二十六日、久能山東照宮社務所三階の会議室に時計を運び、私及び学芸員の立ち会いと数多くの報道関係者注視のもと、澤田平氏は、山梨県甲府市在住の和時計技術者藤原義久氏を助手に、その作業を慎重且つ迅速に執り進められて、無事所期の目的を達成することができた。この作業で、専門のカメラマンによってあらゆる角度から、記録写真が撮影された。澤田平氏は、その後この時の作業について、和時計学会会報『和時計』ＮＯ・四十四に

「徳川家康公の時計～久能山東照宮洋時計（重要文化財）調査記録」と題して発表している。

＊＊＊

数多くの記録写真から、幾つかを選択し、大英博物館の古時計専門部署に送付する作業を、アトキンソン氏にお願いした。その後、大英博物館からアトキンソン氏に連絡があり、極めて貴重な時計であることが確認できたので、古時計専門部署の最高責任者デービッド・トンプソン氏が来日して、大英博物館を代表して公的にこの時計の調査に当たりたいという話であった。その後、アトキンソン氏を通じて、トンプソン氏の研究履歴書を入手し、文化庁に送付するとともに、平成二十三年九月二十五日付で、近藤誠一文化庁長官宛に「重要文化財【徳川家康の手沢品】時計（一五八一年マドリッド製刻銘　革袋付）について大英博物館学芸員による調査」の許可申請をした。平成二十三年十一月二日付で、文化庁文化財部美術学芸課主任文化財調査官名で回答があり、調査に当たっての注意点五項目と作業終了後、文書による報告をすること及び「今後の保守点検等」に関しては、文化庁と協議をするようにとの指導があり許可を頂いた。

＊＊＊

大英博物館に対し、久能山東照宮宮司名で、正式に文書を送りこの時計に関する学術調査の協力を要請した。平成二十四年二月一日付で、大英博物館古時計研究室時計学学芸員デービッド・トンプソン氏名の回答があり、「私がこの時計について、詳細に調査するプロジェクトに参加できる幸運と、このかなり珍しい十六世紀のゼンマイ仕掛けの時計実物より深い理解と査定が得られることを期待し、楽しみにしています」と記されていた。

その後、久能山東照宮・家康公顕彰四百年記念事業実行委員会事務局長小林一哉氏が渡英し、四月十九日に大英博物館に出向、トンプソン氏に直接面会し、来日調査に関する事前打合せを行った。トンプソン氏の成田空港到着から帰国までの通訳を含むお世話をアトキンソン氏にお願いし、五月十五日より十七日まで、久能山東照宮社務所で調査を実施することになった。

＊＊＊

トンプソン氏の来日の日程等調査の概要が固まったので、今回の時計調査の目的が、「世界的な権威の大英博物館に、将来の保存管理へのアドバイスを得るとともに、学術的な価値を明らかにすること」にあることを周知するために、県庁東館二階の県政記者クラブで、五月八日午後三時より、調査当日の取材などに関する事前レクと記者会見を実施した。結果、当日夕刻の各局テレビニュースおよび翌日の新聞各紙に報道された。

＊＊＊

五月十五日午後、小雨の降る中、デービッド・トンプソン氏は夫人のパミーラさん同伴のもと、アトキンソン氏の案内で久能山東照宮に到着した。この日は、社殿参拝と久能山東照宮境内見学のみで、市内のホテルに投宿した。十六日朝九時十分、日本平始発ロープウェイで社務所に到着、三階会議室に時計を搬入した。

トンプソン氏は、両手の親指、人差指、中指の計六本の指にゴム製のサックを嵌めて、その指で時計最上部のネジから取り外し、外板と内部機械とを分離して、細部に亘り調査を開始した。各部品や構造等について、トンプソン氏の口述を、パミーラ夫人がノートに筆記していった。

正午過ぎに、静岡市長田辺信宏氏の表敬訪問があり短時間面談、昼食休憩を挟んで夕刻まで調査は行われた。この間、宮司、学芸員、アトキンソン氏、澤田平氏等関係者と報道関係者の見守る中、慎重に作業が執り進められて、初日の調査を終了した。

十七日も日本平始発ロープウェイで社務所に到着、午前十時から毎月十七日に斎行される月次祭に是非参列したいとの要望があり、トンプソン氏ご夫妻が参列、その後時計調査、昼食休憩後、午後二時から、社務所三階会議室でデービッド・トンプソン氏と通訳を務めるデービッド・アトキンソン氏及び宮司が記者会見を行った。

夕刻午後七時より、トンプソン氏ご夫妻歓迎交流会を市内清水区のカフェ・パティスリーミクニで開催した。開催に当たり、静岡日英協会会長鈴木与平氏に全面的御支援を頂いた。静岡県知事川勝平太氏他、久能山東照宮総代等十七名参加のもと和やかな交流会であった。

＊＊＊

十八日は、アトキンソン氏がトンプソン氏ご夫妻を京都に案内、十九日に東京へ戻り、午後七時より、東京のアトキンソン氏宅で送別会を開催し、小林一哉氏と私が参加した。

トンプソン氏は、当然大英博物館に今回の調査報告書を提出するが、その後英文による詳細な調査報告書を宮司宛に頂ける事、そして今年中にヨーロッパにおける古時計学会でこの時計のついての研究発表する事を約束した。

そして今後の時計保存管理等について助言と調査に関して、また初めて訪問した日本についての感想などを聞いて、小林氏と私は最終の新幹線で帰静、翌日アトキンソン氏がトンプソン氏ご夫妻を成田空港まで送ってすべての日程を無事終了した。

＊＊＊

五月二十日、久能山東照宮宮司・博物館館長名を以て、文化庁長官あてに、調査風景の記録写真を添付して、調査概要と無事調査が終了したことを文書で報告した。

六月十二日午前中、埼玉県在住の元国立博物館学芸員佐々木勝浩氏宅を小林一哉氏と共に訪問、大英博物館より英文報告書が来るので、その邦訳を依頼し、快諾を頂いた。

＊＊＊

この洋時計は、明治時代にイギリス・ロンドンで開催された日英博覧会に出陳されたことがあり、その記念章が久能山東照宮に保管されている。縦五十六センチ・横七十五・五センチの紙に人物と英文が印刷されている。右側半分に日本人が七人、左半分に西洋人（イギリス人か）大人六人と子供一人が描かれている。

この記念章とともに、筆書きの説明書きが残っており、「御寶物置時計壱個明治四十三年英國倫敦ニ開設ノ日英博覧會へ出陳ノ廉ヲ以テ全四十四年四月十二日静岡縣廳ヲ経テ授與サル紀念章　壱葉」と記されている。この記念章が授与された明治四十四年からすでに百年が経過している。明治期の貴重な日本外交史資料であり、描かれた絵図等の美術的価値や印刷技術など文化財としての調査が必要かも知れないので是非一度、専門家の調査を受けたいと思っている。

＊＊＊

その後、トンプソン氏より、Ａ４紙で二十枚を超える英文報告書が、送られてきた。前述のとおり、佐々木勝浩氏に邦訳をお願いした。

今回の調査の結果、調査の第一の目的であるこの時計の今後の保存・管理方法については、その報告者の第八項に「保存状態と取扱方法の提案」として次のように記されている。「推奨される唯一の要件は、時計を洗浄し、さらに鉄の構成部品の酸化に対するバリアを提供するために、微結晶ワックスで処理することであろう」とある。

また報告書に記載はないが、トンプソン氏から直接聞いた話によると、ゼンマイの一部が捲かれたままになっており、一日程度の時間をかけて、ゼンマイを開放の状態にして保存すべきであるとのことであった。

さらに革箱については、皮革部分の欠損が著しいので、専門家による修復と今後の保存方法を、別途図る必要があるとのことであった。また時計文字盤の上に相当する革箱の円形窓に嵌入されているガラスが窓枠から外れており、これも固定するための修理が必要となっている。

学術的調査結果については、各項目にわたり詳細に報告されているが、特に関心を引く意見は、「もし時計のレプリカを作ることができなければ、その機構の動きを説明することが不可能であろう」という点である。この点については、調査の過程でも発言があったので、その必要性と可能性について質問してみたが、外側からすべて内部機構が見えるようなレプリカを造り、ゼンマイを巻き機械を動かして、その構造の持つ機能を多くの人に知ってもらうことの学術的意味は非常に高いという指摘と、レプリカの作製は大英博物館の専門家によって可能であるとの話を聞いた。

＊＊＊

また第八項の最後に、時計の文字盤の下部に取り付けられている銘板について「銘板の下に何かが刻まれているかを確認するためにX線検査を実施する可能性を考慮することには価値があるかも知れない」と記されている。このことは、調査段階でも何度か口にされたことであった。理由を尋ねると、この時計の作者が、ハンス・デ・エバロと銘板に記されているが、時計本体に刻まれているのではなく、銘板に刻まれて取り付けられていること、ハンス・デ・エバロの作といわれる他の作品と比べて、機械の構造や機能が技術的に優れていることなどから、本当の作者名が有るかまたその事実を明らかにするような手掛かりがあるような気がしてならないとのことであった。

もしこの時計が、ハンス・デ・エバロ作でないことが判明しても、何らこの時計の価値と評価を損なうことにはならないであろう。是非、その部分の非破壊検査を実施して、何か記されていたら教えて欲しいとのことであった。今後の課題の一つということになろう。

現在、英文報告書も届き、邦訳も終わって、報告書として印刷するために、最終校正の段階にある。

この時計が、日本に渡来した理由が、徳川家康公外交の一部を語る貴重な歴史資料であることをはじめ、十六世紀の機械式時計のほぼ原形を留める貴重な標本であって、世界的時計学会から注目され、我が国のからくりや和時計、機械類の発達にも大きな影響を与えたことが、容易に想像される世界的貴重品であることから、重要文化財の中でも特に国宝として、その価値を明確にされることを望んでいる。


（『東照宮連合会会報』第四十六号　平成二十五年四月二十六日発行）

追記

本稿は、平成二十四年十月末に脱稿し、連合会事務局に送付したものが、そのまま掲載されたものである。その後の経過について以下若干補足しておきたい。

トンプソン氏の英文報告書及び佐々木勝浩氏の邦訳の他、アトキンソン氏、佐々木勝浩氏、小林一哉氏、金原宏行氏等の玉稿を加えた報告書が、平成二十四年十一月十七日付で久能山東照宮より刊行することができた。

『久能山東照宮所蔵の西洋時計―大英博物館キュレーターによる調査所見及びその考察等報告

書―』と題するA４判七十一ページに及ぶものである。

その後十一月二十二日、文化庁に出向し近藤誠一長官にこの調査報告書を直接手渡し、この時計の国宝指定への検討をお願いした。

平成二十五年七月二十四日、『家康公の時計―四百年を超えた奇跡―』と題して、平凡社より本を出版することができた。十一月三日には、出版記念祝賀会を静岡グランドホテル中島屋で開催して頂き、三百人を超える方々よりお祝い頂いた。来賓に川勝平太静岡県知事、小西美術工藝社デービッド・アトキンソン氏、英国からロンドン大学教授タイモン・スクリーチ氏をお迎えして、心温まる祝辞を頂いた。

平成二十六年五月十一日から十七日まで、家康公の時計を分解、保存処理が行われた。大英博物館のトンプソン氏の紹介で、オランダ人でロンドン在住の西洋古時計復元製作者、ヨハン・テン・ヒューブ氏が単身来日、久能山東照宮社務所会議室でその任にあたった。それは同時に各部品のデータと写真を撮り、動体展示可能なレプリカ作製の準備作業でもあった。

十月二日には、トンプソン氏の要望に応えるために、時計を浜松市の静岡大学電子工学研究所に運び、青木徹教授指揮のもとに、X線撮影を実施、その映像をトンプソン氏に送った。

その結果、銘鈑にある一五八一年より古く、一五七三年に、ニコラウス・デ・トロエステンベルクによって、ブリュッセルで製作された可能性が高いことが判明した。

平成二十七年は、四月に久能山東照宮御鎮座四百年大祭が盛大に斎行され、六月には、静岡市で全国東照宮連合会総会が開催された。この総会期間中の六月十日「時の記念日」には、市内の「グランシップ会議ホール風」に於いて、全国より約五百名参加のもと、家康公四百年記念シンポジウムを主催して、家康公の時計を巡って、静岡県立美術館芳賀徹館長、ロンドン大学タイモン・スクリーチ教授、宮城学院女子大学平川新学長、デービッド・アトキンソン社長に家康公の平和外交について論じて頂いた。

さらに九月になると、ヨハン・テン・ヒューブ氏が時計のレプリカを携えて、トンプソン氏とともに、久能山東照宮にやって来た。

三日には、JR静岡駅南口にある久能山東照宮里程標を時計の形に花で飾り、西洋時計レプリカ完成を祝うイベントが行われた。これには、近くの「かわはらいづみ幼稚園」園児が参列、「時計の歌」を歌い、花時計の除幕には、トンプソン・ヒューブ両氏も参加してお祝いした。夕刻、両氏を中心に記者会見が行われた。翌日四日午後一時より「西洋時計レプリカ完成記念の集い」を浮月楼で開催、約二百人の参加があり、レプリカの説明とその音を聞いた後、多くの参加者がまぢかに観察や写真撮影をした。

平成二十八年四月十五日、静岡市の日本平ホテルで「日本・スペイン・シンポジウム」が開催された。開会式にスペイン国王の出席が予定されていたが、諸般事情により欠席となった。開会式は、予定どおり行われ、私と姫岡恭彦権宮司が出席した。私が家康公の時計を、権宮司がヒューブ氏作の時計レプリカを持参して会場に飾り、この時計の歴史についてパワーポイントを使い解説をした。

平成二十九年年四月十七日に、平成二十七年の「時の記念日」に開催したシンポジウム「西洋時計をめぐる家康の駿府外交」の内容と共に、トンプソン・ヒューブ両氏による洋時計についての学術論文などを加えて二冊目の報告書を出版した。『久能山東照宮所蔵の西洋時計—国宝への祈り　平和を願う心　つたえる—』と題するA４判九十四ページ。これは文化庁の国宝指定の宿題に対する回答でもあり、五月十二日に文化庁を訪問、宮田亮平長官に直接手渡しすることができた。

「おんじゅくものがたり」

大御所家康公駿府へ

慶長十二年（一六〇七）、徳川家康公は、江戸を去り駿府に居を移し、大御所として天下泰平の国造りを始めます。家康公はその国造りの基本政策に教育を重視し、そして対外的には平和外交を積極的に推進しました。

江戸より持参した約一万冊の書籍で図書館を作り、金属活字の鋳造を林羅山、金地院崇伝に命じて、その活字で本の印刷をしました。家康公の文教政策は、「人倫の道　明らかならざる

より　自づから世も乱れ国も治まらずして騒乱止む無し。この道理を諭し知らんとならば、書籍より外にはなし」（『武野燭談』）ということになります。また公の外交理念は軍事、戦争を避けて、経済振興による国の平和的発展を標榜することでした。

スペイン船の漂着

慶長十四年（一六〇九）九月三十日、フィリピン総督の任を終えて、メキシコ（Nova Hispania・ノビスパン・濃毘数般）に向かい航海していたロドリゴ・デ・ビベロの一行が乗っていたガレオン船サン・フランシスコ号（千六百トン）は、暴風雨に遭い、千葉県の御宿に漂着しました。乗船員三七三名、五十六人溺死、三一七人を村民が救助しました。地元の海女さん達が、海に飛び込み溺れて仮死状態になっている船員たちを、体温で温めて蘇生させたという感動的な話があります。また大多喜城主本多忠朝の明断により、遭難者を大多喜城内や岩田大宮神社に集めて手厚い保護を施しています。御宿町にある「岩瀬酒造」の茅葺きの母屋の梁にはサン・フランシスコ号の帆柱が使われているといわれています。

ロドリゴ一行の代表駿府へ

ロドリゴ・デ・ビベロはその後、江戸に出て、二代将軍秀忠公に会い、さらに駿府まで来て家康公に面会しています。この時江戸の人口が十五万人、駿府十二万人、家屋敷は江戸の方が少し立派であると書いています。
家康公は約十年前に大分に漂着して、家康公の外交顧問を務めていた三浦按針（ウイリアム・アダムス）に命じて西洋型帆船二隻を伊豆半島にある伊東で作らせていました。その大きい方の一隻一二〇トンを用意して、その船にサン・ブエナベンツーラ号（幸福を運ぶ聖なる船の意）と命名、田中勝助等二十一名の日本人にその船でメキシコまで送り届けることを命じました。
慶長十五年（一六一〇）六月十三日、ビベロ一行を乗せた船は、浦賀から出帆、十月二十三日、メキシコへ帰着しています。

スペイン国王からのお礼

慶長十六年（一六一一）五月、スペイン国王とメキシコを統治するスペイン副王ルイス・デ・ベラスコは、ビベロ一行の海難救助御礼と田中勝助ら返還のために司令官セバスチャン・ビスカイノを日本に派遣しました。一行は、秀忠公に謁し、駿府の家康公にお土産を持ってきました。その中に金銅製の洋時計がありました。家康公亡き後、この時計は、久能山東照宮に納められて神庫で三百年に及ぶ永い眠りにつくことになります。後に重要文化財に指定されて、久能山東照宮博物館に常時展示されています。

サン・フランシスコ号漂着四〇〇周年記念祭

平成二十一年九月二十六日、千葉県御宿町の月の沙漠記念館前広場で「サン・フランシスコ号漂着四〇〇周年記念祭」が催行され、スペイン国王から御宿町民にイザベル女王勲章が伝達されました。また平成二十一年九月三十日、メキシコ大使館にて日墨交流四〇〇年記念講演会が開催され、駐日メキシコ大使よりの要請で、当日この洋時計を大使館に持参しました。この時、御宿町町長石田義廣氏と会って以来、御宿町と久能山東照宮や静岡市民との文化交流が盛んに行われています。

また平成二十二年二月、東京渋谷区の「たばこと塩の博物館」で開催された展覧会「日本メキシコ交流四〇〇周年記念特別展　ガレオン船が運んだ友好の夢」にも展示、この時の内覧会には、皇太子殿下のご案内でカルデロン・メキシコ大統領ご夫妻も御出席になり、皇太子殿下のご説明を受けながら時計をご覧になりました。

家康公の時計

洋時計は、スペイン船救助のお礼に、スペイン国王から家康公に送られました。久能山に家康公の宝物として大切に収蔵されて今日に至っています。この時計の価値は、難破船員を助けた御宿の海女さん達住民の人間愛と、船を用意してメキシコに送り届けた家康公の平和外交の証という点にあります。近い将来、国宝に指定され、世界記憶遺産に登録されんことを願っています。

（『海のむこうからのおくりもの～おんじゅくものがたり～』
たたら　なおき　さく　駿府書房株式会社　平成二十七年十二月二十六日発行）

本稿は、命がけで、漂着したスペイン船の船員を救助した御宿の海女さんに焦点を当て、命の大切さを学ぶことを意識して創作された「たたらなおき」作品に併載されたものです。

天皇陛下とスペイン国王陛下に家康公の時計

久能山東照宮は、平成二十七年四月御鎮座四百年大祭を迎えた。当宮博物館には、慶長十六年（一六一一）に、スペイン国王フェリペ三世から徳川家康公へ海難救助のお礼として贈呈された洋時計が伝来していることから、田辺信宏静岡市長を先頭に、静岡市で「日本・スペイン・シンポジウム」の誘致活動が積極的に展開された。

その結果、平成二十八年四月、市内日本平ホテルを中心に盛大にそのシンポジウムが開催されて、そこで家康公の時計をスペインから参加された皆様にご覧頂き、紹介することができた。

当初の予定では、このシンポジウムの開会式に、スペイン国王フェリペ六世をお迎えして、そこで家康公の時計をご紹介する予定であったが、諸般の事情により国王をお迎えすることが

天皇皇后両陛下、スペイン国王王妃両陛下に洋時計について説明

静岡新聞社 提供

できなかった。その後、ゴンサロ・デ・ベニート駐日スペイン大使から、スペイン大使館に招待され「一度約束した事を、中止にはしない。必ず国王が静岡に行かれるので期待して欲しい」との話があった。

その後、平成二十九年四月七日、天皇皇后両陛下が、スペイン国王フェリペ六世・レティシア王妃両陛下を静岡市にご案内されるという行幸啓が実現した。

静岡市内浮月楼「月光」の間、午後十二時五十分から、僅か五分の短い時間であったが、家康公の時計説明という大役を頂いた。

時計の部屋に歩を進められる天皇陛下に、ゆっくりと寄り添い進まれる皇后陛下、お二人のお姿は、とても印象的で何とも有難く生涯記憶に残ることであろう。

天皇陛下から「時計の製作時期」などのご下問があり、国王陛下からも「両国交流の証」というお言葉を頂き、有難いことであった。

この事は、静岡開催の日本・スペイン・シンポジウムに豪華な花を添えることになり、御祭神徳川家康公の平和外交の一斑について、多くの人々に知って頂く良い機会になったといえるであろう。

翌日の四月八日より五月二十八日まで宮崎県立美術館で久能山東照宮展が開催された。そのために、その後直ちに時計とともに宮崎に向かい、午後八時頃に宮崎県立美術館に到着。翌日の展覧会初日には、多くの宮崎県民が、新聞一面トップに報じられた静岡の記事を見て、県立美術館に足を運んで頂いた。

休館日を除き実質四十四日の開催であったが、四万五千人の来館者があり、大成功のうちに閉会式を迎えることができた。


（平成二十九年五月三十日記）

四　神道

神道の発生

はじめに

この地球の上で、数多くの人々が長年に亘り生を営み、人類の歴史を刻んで今日に至っている。人々は、その生を営む地理的、気候的諸条件の中で生の営みに工夫をこらしつつ独自の文化伝統を築き上げてきた。生活の基本要素となる衣・食・住に最大の関心を示しつつ、その文化伝統を精神的に支える宗教や信仰を育んできた。

この日本列島に生を営んできた我々の祖先は、湿度が高く、比較的温暖な地に海川山野を通じて、神々の恩恵を受けてきたのである。

しかし、人間が素手で生活を営むには余りにも厳しく寄りつき難い自然の諸条件の中で、火を使い道具を生みながら、次から次へと繰り出される諸条件を相手に一鍬一斧をふるいつつ、自然災害や疫病さらに外敵などと対峙しながら、食材の確保に精魂を傾けることによって神々の恵みを受けることができたのである。

私達の先祖は勤労を尊び、神々に深い祈りと感謝の誠を捧げつつ、生活の喜びを分かちあってきた。現在においても、全国津々浦々の神社においては、古典にその名が見える神々の他にも田の神・山の神・海の神を祀り、祈年祭や新嘗祭が厳粛に執り行われ、漁りする船には例外なく船魂様が祀られているのである。

神道とは何か

さて神道の発生を論ずる場合、まずは、神道とは何かという問題を、避けては通れないであろう。しかしながら、この問題に充分の紙数を割く余裕がないことを断りながら、少し考えてみたいと思う。

神道は我が国固有の文化伝統を精神的側面より支えている民族宗教であることに間違いないが、これだけでは、あまりにも漠然として捉えどころがない。日本民族以外の民族宗教も世界中に、多々存在する。我が国固有の民族宗教たる神道を「日本神道」という場合もあるが、他の民族の固有の宗教を「○○神道」という訳でもないからである。

そこで、何を取り除いたら神道ではなくなるかという視点から考えてみたいと思う。その属性の発生を論ずることをもって、一応の神道の発生を論ずることは、あまり的から遠からぬ位置で話を進めることができるのではないかと考えているのである。

さてその属性とは何か。それは神社でもなければ、神職の存在でもない。一般的に神道といえば、神社や神職を連想しがちであるが、それは必ずしも神道の必須条件とはいえない。

柳田國男が、「神社のこと」の中で「神社」とは何か、と質問されれば、「私の答は簡単である。

人が祭をする処なりと答へて、大体に誤りが無いと思って居る」と言っているが、ここに見える「祭」こそ、その「何」の答えとなる。この「祭」は専門用語で祭祀という。神社は、祭を行う処ではあるが、祭は、神社以外の場所でも行われるから、神社も神道の必須条件とはならない。

神道は、天地自然の霊妙なる働きに、多神の存在を認め、その神々に対して執り行われる「祭」つまり祭祀を神道から取り除いたら、神道にならないのである。以下、祭祀の語を使用することにする。しかしながら、他の民族固有の宗教においても多神を認め、祭祀を行うことはある。したがって、神道という場合、さらに神道の祭祀の特徴を見る必要が生じてくるのである。

祭祀の原初形態

『備後國風土記』逸文に、有名な蘇民将来《そみんしょうらい》の話が見えている。昔、北の海に坐した武塔神《むとうのかみ》が、南の海の女子を夜這いに出られたとき、日が暮れてしまった。武塔神は、二人の兄弟に宿を乞われた。弟の巨旦将来《こたんしょうらい》に宿を断られた後、兄蘇民将来の家に宿をとられた。

その時、蘇民将来は、武塔神に対して「粟柄《あわがら》を以て座《みまし》とし、粟飯《あわいい》等を以て饗奉《みあえたてまつ》る」とある。粟の藁で作った座布団に武塔神をお迎えして、粟の御飯などを用意して、夕食をもてなしたということである。

また『常陸風土記』の筑波郡の条に、古老の話として、昔、祖神尊《みおやのかみのみこと》が諸神の処に巡行された時、駿河国の福慈岳《ふじのたけ》に至り、日が暮れてしまったので、福慈神に宿を乞うたが、福慈神は「新粟《わせ》の初嘗《にいなめ》して、家内諱忌《やぬちものいみ》せり。今日の間は、冀許不堪《えゆるしまをさじ》」と言って断られたので、筑波岳に登り、筑波神に宿を乞うたところ、筑波神は「今夜新粟嘗《にいなめ》すれども、敢へて尊旨《みこと》に不奉《たが》ひまつらじとまをして、爰《ここ》に飲食《をしもの》を設け、敬拝《おろが》み祇承《つか》へまつりき」と見えている。

この二つの話は、内容のよく似た話であり、神祇祭祀の原初形態を考えるに、極めて重要な示唆を与えている。

祭祀の時刻

まず、祭は、神々をある特定の時間と場所に迎えて行われることであるが、武塔神も祖神尊も、迎えられたのが、夜であったことを、見逃してはならない。現在に生きる我々の常識として、一日の始まりは、夜中の十二時と考えているが、古い時代は、日没をもって一日の始まりとしていたのである。

この事については、夙に先学の指摘するところでもあるので、ここでは詳細について触れないが、日没、つまり一日の初めに、祭祀が執り行われるのが、原初的祭祀執行時刻であることは、注意を要する。

原初的祭祀は、時を経るに従って、多様な形態に発展を遂げていくことになるが、現在でも、原初的祭祀時刻の伝統を引く重要祭祀が各地で、厳粛に斎行されている。

天皇即位の中心をなす大嘗祭や宮中の新嘗祭、伊勢の神宮の式年遷宮諸儀、宵宮から始まる神社の祭祀、民間の収穫の祭りなどに多々見ることができるのである。

夕御饌から始まって朝御饌に至る祭祀の理由もこの辺にあると考えて大過ないであろう。

神々の依代

さて、祭祀の場所は、屋外屋内種々考えられるが、原初的には、屋外の特定場所の自然物に、神の降臨を願い祭祀が執り行われたと考えられるのである。蘇民将来が武塔神のために粟柄を以って用意した「座」は、神の依代《よりしろ》を意味している。依代とは、降臨を要請された神が、憑《ひょう》依《い》する物である。神道の祭祀では、祭祀の対象となる神の依代は不可欠の要素となる。ところで、神の依代はどのような物であろうか。

佐々木高明の『稲作以前』に、次の記述がある。

山中に数知れずおられる山ノ神。……この山ノ神はまた、高い木に依ります神だとも考えられていた。「せび」というのは高い木の梢のことで、焼畑耕地の中で一番高い木の梢のことで、焼畑耕地の中で一番高い木の梢は、枝下ろしをやらずに、山ノ神の依り代として残しておく。この慣行は、現在でも南九州の山村にはよく残っている。……

とにかく高い木、大きな石、あるいは、さきが分かれて股になっている木などに宿り、山の住民に加護を垂れ給う神。

戦前までは、全国の山村において、焼畑農業が広く営まれていたことから考えると、『古事記』の中で、極めて重要な立場で活躍される高木神は、この焼畑の中の最も高い木に宿って、山の住民に加護を垂れ給う神の延長線上にある神かも知れない。

『古事記』によれば、「高木神は高御産巣日神の別名なり」とあるが、『日本書紀』には、「高皇産霊尊因りて勅して曰く、吾は則ち天津神籬及天津磐境を起樹てて、当に吾孫の為に斎ひ奉らむ。汝天児屋命・太玉命宜しく天津神籬を持ちて、葦原中国に降りて、亦吾孫の為に斎ひ奉れと」と見えているのである。

神籬

神籬《ひもろぎ》とは、現在では、地鎮祭の時などに、臨時の祭壇を設け、その後に榊の枝を立て、ここに神々の降臨を願うわけであるが、この『日本書紀』に見える神籬は、神々が宿るに相応しいと考えられていた常緑樹であったと思われる。正月に歳神様を迎えるための門松も、この神籬の一種である。神々の宿る木である神籬は、神社信仰の発展に伴い、神社の境内にあって、特定の神々と深く関わる御神木や社叢《しゃそう》へという展開をみせるのである。

神木としてよく世に知られているものに、三輪山の霊木である松・杉・榊、稲荷山の杉、愛宕山の樒《しきみ》、香椎の綾杉、岩木山の松、熊野の竹柏《なぎ》、伊豆山の梛《なぎ》、弥彦の椎、日吉の桂などがある。

神々の宿る杜

神々の宿る杜《もり》としての神体山という捉え方も、神籬と同様、古くからの祖先の意識にあった。『古事記』『日本書紀』に見える「御諸山」、『出雲風土記』の「御室山」「神名樋山」、『日本書紀』『万葉集』に見る「三諸山」、『万葉集』の「神名備山」「甘南備山」などがそれである。現在においても、奈良県の大神神社は、三輪山（三諸山）を御神体として、神社の本殿を持たない拝殿を中心とした社殿建築の神社である。

また埼玉県の金鑽神社《かなさなじんじゃ》にも本殿がなく、常緑樹の繁茂する御室ケ岳を神奈備として崇拝している。奈良県の石上神宮《いそのかみじんぐう》も、現在は本殿があるが、大正二年までは本殿のない神社であった。静岡県の富士山本宮浅間大社の社殿の構造も神体山としての富士山を拝祭する形式をとっている。

また複数の神社の神体山とされる山中から、磐境《いわさか》、磐座《いわくら》が数多く確認されていることも興味深いものがある。

磐境、磐座

次に磐境であるが、磐座ともいい、神が宿ると考えられた岩石、または岩石でもって築かれた場所ということになる。愛知県の尾張大国霊神社、長野県の生島足島神社、石川県の気多大社などに大きな石を環状に並べた遺跡があり、福岡県の高良大社の神龍石なども、磐境、磐座の名残である。

『延喜式』延長五年（九二七）の「神名帳」を見ると、参河国に石座《いわくら》神社、越前国に磐座神社、若狭国に石桉比古《いわくらひこ》神社、石桉比賣《いわくらひめ》神社、能登国に石倉比古神社、伊豆国に伊波久良和氣命神社、伊波乃比咩命神社、伊波比咩命神社、出雲国に磐坂神社が、また『播磨風土記』にも石坐神社などの神社名が見えている。

「神名帳」に見えるこれらの神社は、磐境、磐座から発展した神社ということになる。また特異な神社として、和歌山県の熊野那智大社の摂社飛瀧神社は、古来瀧を御神体として本殿を構えず拝殿より瀧に向かって参拝する神社である。

神饌（神々へのお供え）

さて、次に問題になるのが、祭祀の原初形態における神と人との関係についてである。蘇民将来は、武塔神を祀るに「粟飯等」を供えたし、筑波神は、祖神尊に対して「飲食を設け」て祭を行ったとしている。

前掲『稲作以前』によれば戦後においても、焼畑農業が営まれていた熊本県五木村では、焼畑用地の一番高い木のまわりに集まり、木の根元に、お神酒を注いで、粟、稗、蕎麦などのダンゴや里芋などを供えて、唱え言をしているという。

つまり、神々に食物をお供えすることが、最も素朴な神と人の関わりであり、これを抜きにして神祇祭祀は成立しないといえる。

祭祀の特徴

祭祀の原初形態について、少し整理してみると、まず祭祀には、神々を迎えるための神座が必要であり、神々を迎えた神座に食物をお供えするというのが、祭祀の骨格をなしていることがわかる。

祭祀の執り行われる時刻であるが、原初的には、すべて日没後とは断定はできないけれども、一日の始まりである日没後は、重要な時刻であったとみて、大過ないだろうと思う。

このような原初的祭祀がいつ頃発生したか、などという無謀な論を展開するつもりはないが、農耕生活と深く関わっているのではないかと考えているのである。

蘇民将来が武塔神に「粟飯等」を供えたこと、福慈神や筑波神が、祖神尊の巡行時に、「新粟の初嘗」をしていた話は、稲作以前の粟を中心にした雑穀栽培農耕の存在とその収穫の祭祀である新嘗祭の存在を物語っているのである。

ところで話は、かなり飛躍して恐縮であるが、現在も行われている天皇即位の礼の核心的祭祀大嘗祭や、毎年宮中神嘉殿で執り行われる新嘗祭にも米の「御飯」や「御粥」の他に粟の「御飯」や「御粥」が供えられることは、あまり知られていない。

新嘗祭に粟が供えられることを確認できる文献は、『延喜式』が最も古いが、粟に関する記事は、『続日本紀』や古風土記などに散見することができる。我が国に於いて稲作農耕以前に雑穀を中心とする農耕が先行していたことは、焼畑の民俗や考古学の成果なども踏まえると、疑う余地はないであろう。

特に粟は、雑穀の中で群を抜いて数多くの品種があり、また全国的にそれに関する民俗が多く確認されるのである。このような事実を踏まえて考えると、粟の新嘗の上に、稲の新嘗が重層しているとしか、解釈の仕様がないように思うのである。

大嘗祭や新嘗祭は気の遠くなるような時間の流れの中に、伝統を守っていることは、これまた疑う余地がないであろう。

収穫の祈願と報謝

衣食住のうちでも、生命持続のために最も深刻な問題は、食の確保ということになるだろう。したがって、祭祀の原初形態は、特定の常緑樹や地域で最も高い木、滝や山そのもの、磐境、磐座などに神々を迎え、その場所と最も関わり深い食物や主食物を供え、収穫を祈願し、報謝の誠を捧げてきたと思われる。祈願や報謝の言葉は、やがて、延喜式祝詞に見られるように洗練され、発達していくことになる。

神々に供えられた食物は、粟、麦、大豆、小豆、稗などの他に里芋などが考えられるが、稲作の伝来により、祭祀の時期もその作業過程と関わりながら定着するとともに、新しい祭祀も生まれていくことになる。

焼畑農耕よりも、より高度で複雑な作業を伴う稲作の時代になって、祭祀の内容もより洗練されて発展しつつ今日に至っている。

祭祀と衣食住

特定の場所に神々を迎えて、食物を捧げる原初的祭祀は、『古事記』(上巻)に見える須佐之男命の勝佐備の段によって、かなり発達した新嘗祭の祭祀形態を確認することができる。

須佐之男命は「天照大御神の営田《みつくた》の阿離《あはな》ち、其の溝埋《みぞう》め、亦其の大嘗聞看《おおにえきこしめ》す殿に屎まり散しき」とあり、さらに「天照大御神忌服屋に坐しまして、神御衣《かんみそ》織らしめたまふ時に、其の服屋の頂を穿ちて……」とある。ここに見える「大嘗聞看す殿」というのは、後の天皇の即位式として行われる時の大嘗祭の大嘗宮ではなく、毎年の新嘗の祭りのための御殿である。

和銅五年(七一二)に成立した『古事記』が、神代の話として述べる中に、つまり『古事記』の時代から見ても神代というほど古い時代に、新嘗祭のために、神々を迎えるための御殿が設けられたことが知られるのである。新嘗祭に供えるために稲を作る「営田」の名が見え、さらに「神御衣」の名が確認されることは、神々に対して、人々の生活の原点といえる衣・食・住が用意されるという祭祀の基本構成がこの神話の中に確認できるのである。

神々の住まいである社殿を用意し、そこに衣食を供える現在の祭祀の基本構造の確立は、神話の時代、悠久の昔にまで遡ることができるのである。

神社の本質

さて、柳田國男が神社とは「人が祭をする処なり」と指摘したことを念頭において、神社の淵源を語る『日本書紀』の「神籬磐境の神勅」に注目してみたい。

それは、高皇産霊尊が、天児屋命・太玉命に対して「天津神籬を持ちて、葦原中国に降りて、亦吾孫の為に斎ひ奉れ」と下された神勅である。高皇産霊尊が、天児屋命・太玉命に対して、葦原中国に降りて神籬磐境(神社)を建てて、皇室の弥栄《いやさか》を祈れと命ぜられたということになる。

神社は、神々の住まいであり、そこで人々が神々に衣食をお供えして祭を行う。祭は、お供えをして、神々に衣食住の充実御加護を願い、またその結果に対する感謝の言葉を祝詞にして奏上する。その祝詞の中に、必ず皇室の弥栄を祈る章句が入っている。

平安時代の延長五年(九二七)に完成した『延喜式』巻八に収載されている「延喜式祝詞」のみならず現代に至るまで、その伝統は固く守られている。

現在、全国津々浦々に鎮座する八万社を超える神社の存在理由の根拠が、この神勅に求められるのである。

天照大御神と五穀

『古事記』五穀起源譚によれば、大宜津比賣《おおげつひめ》の身に生まれる蠶《かいこ》・稲・粟・小豆・麦・大豆を神産巣日御祖命《かみむすびみおやのみこと》が種とされたとあるが、『日本書紀』によれば、保食神《うけもちのかみ》の身に生った繭《まゆ》及び五穀を天熊大人《あめのくまのうし》が取り、天照大神に奉進《たてまつ》ると、天照大神は喜んで「是の物は則ち顯見蒼生《うつくしきあをひとくさ》の食ひて活く可きものなりとのたまひて、乃ち粟稗麦豆を以て陸田種子《はたつもの》と為し、稲を以て水田種子《たなつもの》と為し」また養蠶《こかひ》の道を定められたことを記している。

日本民族の、主食物である米、及び粟、小豆、麦、大豆の食物は、天照大御神に頂いた尊い食物であり、衣の象徴である養蚕の道も開かれたという信仰は、神代に始まり、現代に生きているのである。

天照大御神は、皇室の御祖先神であらせられるとともに、日本民族の大親神であるが、天照大御神の御子孫である歴代の天皇は、常に天照大御神をはじめ八百万神に顕見蒼生（日本国民）の安泰を祈願され、国民は、神社の祭を通じて天皇の弥栄を祈願するという神社神道の基本構造も、その淵源を神代に求めることができるだろう。

祖先の力

神道の発生を考える場合、もう一つ見逃すことのできないのは、祖先のことである。『常陸風土記』の前掲記事中に筑波神は、粟の新嘗を行っていた夜、突然来訪した祖神尊に飲食を設け、敬拝祗承して祀ったことが見えている。柳田國男は、『先祖の話』の中でいう。

私がこの本のなかで力を入れて説きたいと思ふ一つの点は、日本人の死後の觀念、即ち霊は永久にこの国土のうちに留まって、さう遠方へは行つてしまはないといふ信仰が恐らくは世の始めから、少なくとも今日まで、可なり根強くまだ持ち続けられて居るといふことである。

この先祖の霊に対しても、神代の時代より祭祀の対象となってきたのである。

正月に門松を立て、歳神を迎えて、餅やその他のお供えをして祝うが、この歳神も田ノ神や祖先神と解される場合もあり、現在、仏教の行事と思われている盆の行事も、その内容は、祖先神を迎えての先祖祭に、他ならないのである。

ラフカディオ・ハーンは、『神国日本―解明への一試論』の中で、この世の生者と祖先の関わりについて、次のように観察している。

死者を、その死後でも相変らず一家の生活の一部になっていると考え、また死者の方でもその子供や縁者の愛情を求めていると考えている日本の家庭の礼拝ほど、誠実な宗教はどこにもないし、またこれほどいじらしい信仰はどこの国にも見られない次第を、銘記しておかなければならない。―中略― 彼らは生命の授与者であり、富有の授与者でもあり、今日という現在をつくってくれた上に、その指導者になってもいる。

神道の自覚

『日本書紀』用明天皇紀の冒頭に、「天皇仏法を信けたまひ《う》、神道を尊びたまふ」と見えている。これが、「神道」の文献上の初見である。

『日本書紀』欽明天皇紀、『元興寺縁起并流記資財帳』や『上宮聖徳法王帝説』などに仏教伝来の記事がある。

高校の日本史の授業（五十数年前）では、仏教の伝来は、『日本書紀』欽明天皇十三年冬十月に百済の聖名王が、仏像他を我が国に伝えたという記事を根拠に、西暦五五二年と教わった。その先生は、神武天皇が橿原宮に即位された年を元年とする皇紀で一二一二年と教わったので、「仏が百済から、『いちにいちに』とやって来た」と覚えたと言ったことを思い出す。

大学院に在籍していた頃、仏教伝来が西暦五三八年になっていることに気付いたので、調べてみたら、『元興寺縁起并流記資財帳』や『上宮聖徳法王帝説』の記事を根拠にしていることが分かった。

それはともあれ、『日本書紀』や『元興寺縁起并流記資財帳』の仏教伝来の記事を見ると、仏を「蕃神《となりぐにのかみ》」とか「他国神」などと表現している。

また『日本書紀』は、「我が国家の天下に王とましますは、恒に天地社稷百八十神を、春夏秋冬に祭拝むことを事と為したまふ」と、また『元興寺縁起并流記資財帳』は、仏教伝来時には「我等国は、天社国社一百八神一所より礼奉る」と記している。これから、仏教が伝来した六世紀初頭には、かなり国家的に神社制度が整備されていることが窺える。

『日本書紀』用明天皇紀に見える「神道」は、我が国に仏教の教えが、ある程度浸透してきた結果、古来の伝統的祭祀を中心とする神々の信仰と、仏教は異質のものであるという自覚の萌芽が、生んだものといえるだろう。

以後、神道は仏教と千三百年以上にわたり深い関わりを持つことになる。

（『季刊　悠久』第五十七号　鶴岡八幡宮　平成六年四月三十日発行）

戦後の神道とキリスト教

本稿は、昭和六十三年三月二十五日、神社本庁大講堂で開催された「昭和六十二年度　第六回神社本庁神道教学研究大会　主題『神道教学研究の現況』において、「戦後の神道とキリスト教」と題して発表、昭和六十三年九月三十日、神社本庁教学研究所編として神社本庁より刊行された報告書（非売品）に若干補筆し、注記を加えたものである。

当日は、國學院大學上田賢治教授の司会のもと、教授による「神道教学研究の現況」報告に続いての発表で、その後、質疑応答、続いて神社本庁調査部主任茂木貞純氏、神社本庁教学部井澤正裕氏、皇學館大学講師平泉隆房氏、神宮権禰宜中西正幸氏の発表、質疑応答があり、最後に総括的意見交換が行われて閉会した。

この発表は、制限時間内に『神道と現代（下巻）』昭和六十二年十一月三日、神道文化会発行収載論文「戦後の神道とキリスト教」を要約したものである。発表当時の肩書は、神社本庁組織渉外部長・教学研究員で満四十歳時となる。

発表当日の著者

日本におけるキリスト教の教勢について

ただいまご紹介頂きました落合です。早速、研究報告に入ります。

現在、日本のキリスト教の人口は、どれ位かということですが、一九八八年、すなわち昭和六十三年の『キリスト教年鑑』がありますので、ちょっと調べてみました。

信者数は新教系、いわゆるプロテスタント系が六十二万七千二百三十五人。カトリック系が四十五万四千百五十二人。合わせて百八万千三百八十七人という統計が出ています。これに、教師が新旧合わせて二万千二百九十九人と出ています。

因みに教会の数は新旧合わせて、七千八百七十四という数です。神社、ないし神職の数などと比較しながら、今後の話を聞いていただきたいと思います。

新旧合わせて、教師と信者数は、約百十二万という数になります。日本の人口は、今どのくらいでしょうか。一億二千万くらいですか。そうしますと、キリスト教徒の数は、日本の人口の一パーセントに満たないということが言えるだろうと思います。ただし、この『キリスト教年鑑』で報告されている数がどれだけ正確かということまでは、私は検討し得ないのですが、一応『キリスト教年鑑』によればということをお断りしておきたいと思います。

カトリックの死後の世界

さて、それでは、まずカトリックの祖先崇拝、ないし死の問題という基本的なところから話をしてゆきたいと思います。

まず、カトリックの死、死ぬという意味ですが、志村辰弥編『やさしい教理問答』という本がございます。これを見ますと、次のようなことが書いてあります。

まず、「死とはなんですか」という設問があります。これに対して答えは「死とは霊魂が体からはなれることです」、「人は死んでからどうなりますか」、「人は死んでから、体は土にかえり、霊魂は神の審判をうけます」、「審判とはなんですか」、「審判とは、一生の善悪を神に裁かれることで、これには、私審判と公審判とがあります」、「私審判とは何ですか」、「私審判とは、人が死んでから、すぐにうける審判です」、「審判ののちに、人はどうなりますか」、「私審判ののちに、人は、天国か、地獄か、あるいは煉獄へ行きます」。次に「天国とはどういう所ですか」、「天国とは、救《たすか》りの恵みをいただいた人が、神の愛と光栄にあずかり、諸聖人とともに限りない幸福を受ける所です」。次に「どのような人が天国へいきますか」、「天国へ行くのは、成聖の恩恵をもち、罪をゆるされて、償いを完全に果たした人です」、「地獄とはどういう所ですか」、「地獄とは、神を捨てた人が、神からはなれて、悪魔とともに永遠に苦しむ所です」、「どのような人が地獄に行きますか」、「地獄に行くのは、成聖の恩恵をもっていても、小罪があるか、あるいはは罪の償いを果たしおえないで死んだ人です」。

さらに、この本の中の第二十五課の「神の十戒」という項目の第一番目に「迷信とはなんですか」という設問に対して、「神を正しくない方法で拝み、あるいは、神以外のものを神のように拝むことです」とありますから、カトリックにおける死者の霊との関わりは、歴然とするだろう思います。

プロテスタントの死後の世界

さて、プロテスタントにおきましては、死の意味をどのように捉えているのであろうかということですが、日本基督教団信仰職制委員会編の『死と葬儀』という書物があります。これに松永希久という方の「新約における死と葬儀」という論文が入っています。これによると「最後の審判における第二の死の恐れから解放されることを約束され、それを信じている者にとって、第一の死はもはや、肉体的な苦痛を伴い一時的な肉親や愛する者たちとの別れは悲しく辛くはあっても、究極的に恐るべきものではありえない。第一の死の後に眠り（休息）があり、やがてよみがえらされて永遠に生き、神の支配にはいるという将来が残されているのみあるから」とあります。

カトリックとの間には、「私審判」と「第一の死」という違いが認められますけれども、いずれにしても、人の死後の霊を、慰霊や参拝の対象とする信仰は、認められません。日本のカトリックやプロテスタトでは、いったい人の死後の霊に対して、そのような対応の仕方をしているのかということが問題になろうかと思います。

カトリックにおける死と葬儀

まず、カトリックに目を向けてみますと、丸山吉高という神父が、戦後間もない昭和二十四・二十五年頃だと本人はおっしゃってますが、カトリックの信者から、信者としての葬儀の在り方や、死者の霊にどのように対したらよいかという質問が多くなってきたので、『カトリックの葬儀と祖先崇拝』という冊子を出しました。私はまだこの冊子を見ていませんが、丸山神父に直接電話で聞いたところ、簡単な前置きを記し、葬儀の次第や慰霊の方式についてふれた小冊子であるというお話でした。

その丸山神父の冊子刊行後に、姫路カトリック教会主任司祭M・クリスチャン神父という方によって『カトリックの祖先崇敬』という冊子が出されています。ご注意いただきたいのは、「祖先崇拝」から「祖先崇敬」に変わっているということです。これは、昭和五十一年九月一日に、オリエント宗教研究所という所より刊行されていますが、その中に丸山神父の、先ほどの冊子の内容が引用されています。それによりますと、「わたしたちは、死者の霊に尊敬を示し、またその冥福を祈るのは当然のことです。とくに自分の先祖や近親者の霊を慰めるのは人間として自然の情であるばかりでなく、とくに信者にとってそれは謝恩と愛徳の大きな義務となるのであります」と書かれています。

また丸山神父は「祖先崇拝」という言葉を使っていますけれどもこのM・クリスチャン神父は、「祖先崇敬」という言葉を使っています。その理由についてM・クリスチャン神父は、この『カトリックの祖先崇敬』の中で、次のように言っています。「カトリックの用語では『崇拝』は唯一の神に対する崇敬を表すために用います。したがって、誤解を避けるために、神以外に対する敬意は『崇敬』という語を用います」という説明をしています。このM・クリスチャン神父の小冊子は、「京都司教認可済」とありますが、これを土台にして、日本カトリック司教協議会諸宗教委員会におきましては、『祖先と死者についてのカトリック信者の手引』という小冊子を昭和六十年の一月二十日付で、カトリック中央協議会より刊行しました。その刊行理由につきましては、次のように書かれています。「日本の社会では、宗教といえば、必ず死者をまつる行事が伴います。このような状況の中で、カトリック信者は自分の信仰を守るだけでなく、周囲の人たちにキリストの福音をのべ伝えています。そのために、ともするとカトリック信者が他の宗教の死者に対する行事に参加することは、信仰に反するのではないかという疑問をもつことがあり、他方では、このような行事に参加しなければ、社会生活を円滑に営んでゆくことができないと悩むことがあります。日本カトリック司教協議会・諸宗教委員会は、多くのカトリック信者がこのような板ばさみの中に生きていることを知り、これらの問題を信者が自主的に解決しうるための助けとなる手引きを提供したいと思います」と書かれています。

本書は、死者または祖先への「愛と尊敬」という言葉が多く使われています。丸山神父の「祖先崇拝」からM・クリスチャン神父の「祖先崇敬」そして「祖先への愛と尊敬」というように祖先に対する態度が、言葉の上で微妙に変わってきていますが、この『祖先と死者についてのカトリック信者の手引』に次のように書かれています。

「このような死者の記念や尊敬は、死者を神としてあがめるものではありません。祖先を神としてあがめるならば、それは明らかにキリスト教の信仰に反します。キリスト教における死者の記念と尊敬は、死者のために神に祈ることが中心になっています」とあります。

また「教会は、このような精神のもとに、それぞれの国の習慣を取り入れ、死者の記念を行ってきました。多くの地域で死んだ家族のために墓を作り、墓参して草花、植樹を飾る風習を守り、また、ある地域では、先祖の写真を家族の集まる居間に飾り、先祖への愛と尊敬を子孫の心にはぐくみ育ててきました。したがって、日本でも同じ精神に基づいて日本の伝統を適切に取り入れて『死者の記念』を実践したいものです」とあります。

以上によって、祖先ないし死者に対する基本的態度を知ることができるのですが、「日本の伝統を適切に取り」入れる具体例は、問答形式によって示されています。それは、例えば、「果物・お茶・お酒など故人が好んでいた物」を「故人に対する尊敬と愛情の表現として」供えてもよい。「他宗の儀式・命日・法事などに参加」して「焼香・献花など」もいい。「月の命日や春秋の彼岸、お盆には旦那寺の」僧侶の読経も認めるというようなものであります。

プロテスタントにおける死と葬儀

さてプロテスタントの場合はどうでしょうか。日本基督教団信仰職制委員会が、昭和四十九年五月三十一日、に『死と葬儀』という書物を日本基督教団出版局より刊行していますが、その前書きに「日本の教会ではいまだ葬儀が定型化されていないところから、多くの形式が併存しており、しかもおのおのについてなぜそうするのかということについての、適切な解説書が今日まであまりないのが現状である」と述べています。

この『死と葬儀』に収載されています山本尚忠という方の「今日の日本における葬儀の諸問題」という論文によりますと、日本のプロテスタント教会の葬儀は、「日本での一般の葬儀のような、故人への告別を中心として、その成仏を願うということとはまったくちがうことである」が「教会における葬儀と、日本の伝統的な異教の葬儀との様式の相違が、明確に理解されていないところから、多くの問題が生じてくる」と指摘しています。

また教会でなく、自宅で行われる葬儀の場合は、「家族が教会と直接関係ないことが多いので、とくに日本古来の異教的な習慣が入り込んでくることが多いから、牧師はあらかじめ十分な指導と点検を必要とする」と言っています。例えば、故人に対して、その名前を呼び語りかける弔辞は駄目ということになります。

また、教会の葬儀における献花は、「仏教のお焼香とか、神式の玉串奉てんのかわりに、日本的な習慣から生まれたものである。告別式と一対になっており、教会で絶対にしてはならないというものでもないが、できたらやめた方がよい」といいます。

日本人の感覚という基準から見れば、カトリックよりもプロテスタントの方が、かなり厳格になるというように思われます。

カトリックの場合は、葬儀は故人の冥福を「唯一の神」に祈る。すなわち故人に祈るのではなく亡くなった人の冥福を「唯一の神」に祈るということが中心になりますが、いわゆる「唯一の神」への執り成しにつきましても、プロテスタントの方では、先程の『死と葬儀』によりますと、次のようになります。

「祈りの是非については、今日でもまだ問題が残されている」と言った上でまた、「宗教改革者たちのうち、カルヴァンはこれを拒否した。そこでプロテスタント教会では、とりなしの祈りはしないと主張される」に至っているとして、これは教会の業としてそれを拒否したのであり、個人的なそれを禁止したのではないが、それにしても「カルヴァンの場合には、前にも述べたが死者の永遠の救いについては、心で願う程度にとどめるべきであるとした」と言っています。

キリスト教における葬儀の意味

以上から、プロテスタントの葬儀は、人が亡くなって残った遺体を最終的に埋葬して処分するまでの物理的一過程という意味しかないように理解されます。

カトリックにしてもプロテスタントにしても、故人の霊と遺族をはじめ、生きている者との霊的信仰的関わりを否定していることがわかります。

丸山神父が『カトリックの葬儀と祖先崇拝』の中で、いみじくも「自分の先祖や近親者の霊を慰めることは人間としての自然の情である」と指摘しています。これは前にも触れましたが、ここに見られる「霊を慰めること」は、日本人のみならず人類誰もが自然に持っている亡くなった人に対する直接的霊的信仰的関わりと解するのが妥当であろうと、私は思います。

カトリックの立場は、ここに見える「霊を慰めること」は、「唯一の神」への執り成しという意味で使われているのかも知れませんが、ともかく、故人の霊と生きている者が、直接的霊的関わりを持ちたいという欲求は、日本人のみならず、人間に与えられた自然の情ではなかろうかと考えます。

カトリックもプロテスタントも、この人間の内から湧き上がってくる、また生まれながらにして備わっている、この自然の情を拒否するところに、キリスト教のキリスト教たる由縁があるのではなかろうか、というふうに私は考えています。

山口県自衛官合祀訴訟の矛盾

さて、次に山口県に起こっております自衛官の合祀訴訟ということについて述べます。この訴訟の法理論はともかくとして、この訴えの中から、今までの死と葬儀の部分と関連しながら、その矛盾点を考えてみたいと思います。

訴訟の経過

昭和四十三年五月十二日、自衛隊岩手地方連絡部、釜石出張所に勤務していました山口県出身の中谷孝文二等陸尉が、亡くなってから一等陸尉になっていますが、岩手県釜石市内で公務従事中に交通事故に遭い死亡しました。その後、隊友会山口支部連合会が、山口県出身の自衛官二十六柱とともに、その中谷孝文命の霊を山口縣護國神社に祀って欲しい旨、同神社に申請しました。山口縣護國神社では、その申請を受けて、慎重に検討の結果、昭和四十七年四月十九日に、右二十七柱の霊を相殿奉祀として奉斎することにしました。

ところが、日本基督教団山口信愛教会所属の中谷康子未亡人が、自分の信仰するキリスト教以外の宗教で、亡くなった夫を祀られたくないとして、隊友会山口県支部連合会及び、県隊友会の奉斎申請事務を自衛隊山口地方連絡部が手伝ったとして、国を相手どり、昭和四十八年五月二十二日に、山口地方裁判所に提訴しました。

原告の証言

ここでは、山口地方裁判所における原告の証言の内容を少し見てみたいと思いますが、キリスト教信仰と亡くなった中谷孝文命が縣護國神社に合祀されていることと、いかなる関わりがあるかについて、ちょっと考えてみたいと思います。

原告中谷康子未亡人ですが、昭和三十三年四月四日、山口信愛教会で林健二牧師から洗礼を受けています。昭和四十七年四月五日、原告中谷康子さんは、山口地連自衛隊の職員に、自分はキリスト教を信じているので、亡き夫が他の宗教で祀られること、つまり護國神社に奉斎されることは嫌だとして断り、そのとき、同時に、護國神社と聞くと反射的に靖國神社のことを思い出し、当時自分が教会で学んでいた靖国法案と関係があると思ったと言っています。

しかしながら、この中谷康子さんは、法廷においては、靖国法案の内容について質問されましても、何も知りませんし、また護國神社の祭神についてどのような人々の霊が祀られているかということにつきましても、正確には理解していません。

原告は、昭和三十七年頃、御殿場に住むようになった頃、御殿場純福音教会に通うようになっていますが、この教会はプロテスタント系教会ではありますが、日本基督教団に属していません。問題は、ここで再び洗礼を受けていることです。洗礼を受け直すということが、どういう意味か、私はちょっと理解できません。

また亡き夫の実家においては、真宗による仏式の葬儀に参列をしています。昭和四十八年八月頃、亡夫の実家を離れて、山口市内に住むようになったけれども、山口市内の仏具店に出かけ、仏壇を購入し、僧侶を招いて読経してもらい、亡夫の供養をしたとも言っています。

また被告側の弁護士が、亡き夫の友人が、その信ずる宗教で夫を拝みたいと言ったら、仏教でも、神道でも、モハメット教でも何でもよいかと質問すると「何でもよい」と答えています。以上は、山口地方裁判所で開かれた口頭弁論において、直接原告から話されたことを私自身が聞いた内容です。

山口市内での原告の自発的意思により行った亡夫の仏式による供養については、田中伸尚氏の『自衛隊よ、夫を返せ！』という本に、次のように書かれています。

仏教を信じているわけではなかった康子がこうした仏式の儀式をしたのは、必死の思いによる苦肉の策だった。「クリスチャンとしての私の信仰が浅かったから」と康子は、その行為を自省する。だが「あの時は、あれしかなかった」ともいう。

クリスチャンとして原告が、裁判までして勝ち取ろうとしているものは何でしょうか。私は、たいへん関心があります。この裁判における原告の主張からは、クリスチャンとして、自分の亡き夫が異教たる神社神道方式によって、護國神社の祭神として祀られるには、自分の信仰上、許せないので、合祀を取り消して欲しいというようなことだろうと思います。それを実現するには、護國神社が合祀を取り消す以外に道はないわけです。護國神社は、合祀の申請を受けて、合祀したものではあっても、合祀するか否かの決定は護國神社の自由でありまして、その意思決定は、護國神社が行って、奉斎しているのですから、護國神社がこれを取り消すことなどあり得ようもないわけです。また護國神社を相手に合祀取り消しの裁判をしても勝つ見込みはないことを、原告は十分知っています。

原告の申し立て

したがって、原告は、自衛隊（国）及び合祀申請手続きをした隊友会を相手に裁判を起こしたのですが、その原告の申し立てというのは次のようなものです。

① 被告隊友会山口県支部連合会は、同被告が昭和四十七年四月頃訴外宗教法人山口県護国神社に対して、訴外亡中谷孝文につきなした合祀申請手続きの取消手続きをせよ。
② 被告らは各自に対して金一〇〇万円の金員を支払え。
③ 訴訟費用は、被告らの連帯負担とする。
④ 右二、三項につき仮執行宣言。

いったん、護國神社が合祀を決定し、奉斎した以上、誰が祭神の取り消しを護國神社に申し入れようが、そんな取り消しなどあり得ないという、いわゆる神社神道の原則について、原告は全く無知であることが、ここに指摘されるのであります。

この原告の申立に対しまして、山口地方裁判所は、昭和五十四年三月二十二日に判決を下しましたが、その判決主文は、次の通りです。

① 被告らは各自原告に対して金一〇〇万円及びこれに対する昭和四八年五月三〇日以降完済に至るまで年五分の割合によって金員を支払え。
② 隊友会山口県支部連合会に対するその余の請求を棄却する。
③ 訴訟費用は原告に生じた費用を二分しその一を原告の負担、その余を被告隊友会山口

県支部連合会の負担とし、被告団に生じた費用を全て被告団の負担とする。

原告の矛盾点

この判決が下された時に、原告がこの裁判に勝ったとして、にこやかな顔をしてテレビのニュース番組に出ていたことを、私は忘れられないのですが、同時に原告が何を考えているのか理解に苦しんだのです。

この判決で、護國神社に奉斎されている中谷孝文命に何ら影響はないからです。百万円の慰謝料が認められたからといって、何の意味があるのでしょうか。

現在（昭和六十三年三月二十五日）、この裁判は、広島高裁での控訴審を経て、最高裁の大法廷で審議中です。（注記）

今年（昭和六十三年）になりましてから、二月三日には最高裁におきましても、口頭弁論が開かれていますが、最高裁でどのような判決が下されようと、護國神社に対して合祀の取り消しを命ずることは絶対にあり得ないのですから、ここで原告の負けは、はっきりしているのです。したがって、地裁に提訴した段階から決まっている。それが理解できていないのですから、原告はいうまでもなく、原告を指導してきた牧師の無知というものが指摘されると思います。もし、これを理解しているのであれば、別の目的があるのでしょう。キリスト教信仰の布教に障害になると考えている伝統的信仰に対する挑戦のつもりでありましょうか。

もう一点、この原告の主張には、クリスチャンとしての資質を問われるものがあるだろうと思います。キリスト教における死の意味について、先程述べてきましたが、本当のクリスチャンならば、亡夫は「第一の死」の眠り、プロテスタントの場合は亡くなったら、眠り（休息）に入っていることを確信しているはずです。従って自分の信じていない宗教で、誰が何を祀ろうが、敬虔なクリスチャンとしての信仰生活を営む上で、何ら支障はないと思われます。この裁判は、原告は論外としても、この裁判を指導してきた牧師のクリスチャンとしての信仰的レベルの低さというものがそのまま出ているのではないかと、私は考えます。

ちょっと時間をオーバーいたしました。まだ十分話せないところもあるのですが、一応これで私の説明を終わりたいと思います。ご清聴ありがとうございました。

上田賢治（司会）　初めの日本の伝統的な祖先祭祀、祖霊祭祀というものに関わって、特にカトリックは非常に深く、他の年中行事、あるいは通過儀礼に関しても、一見して同じような姿勢を示しております。しかし、日本人の伝統的な習俗、信仰といったものに、人間の自然の情を認めながら取り入れようという姿勢を示しながら、その根本のところで、信仰的には、違う姿勢を持っています。プロテスタントの場合には、むしろ伝統的な日本の信仰習俗といったものに、迷信や呪術の強いことを強調する姿勢があります。

問題でありますのは、二つ目の具体的にそれが現れた政教問題の一部として、対社会的な影響です。近代以降、日本の、特に知識人を中心とした風潮は、西洋的なものの考え方を常識とするという姿勢が、非常に強くなっています。ジャーナリズムが、これに同調する姿勢を示していますので、神道にとっても、たいへん重大な問題として対応を考えなければならないと思います。

身近にご経験をお持ちの方も多いかと存じます。落合さんの発表に対する直接の質問、特に山口県の自衛官については、時間を気にしながら、大分はしょられましたのでご質問があろうかと思います。ご質問、あるいは身近なことを通じてのご意見、この問題についての対応の研究会、あるいは本庁の姿勢等に対するご意見、伺わせていただければ有難いと思います。どうぞ。

栗田明宗（新潟県）　非常に重要なことを知らせていただきまして、ありがとうございました。今、お聞きした中で、死後の霊が体から離れ、そして審判を受け、天国と地獄とに入るということは、その霊が未知の世界に入って、そのまま固定するというふうに解釈すればよいのか。それとも、神に祈ることは許されるということで、キリスト教では、神に祈るという行為をするのか、その辺をお伺いしたいと思います。

落合　カトリックの場合には、人が亡くなりますと、天国に行くか、地獄に行くか、煉獄に行くか、ということですね。それに対して、我々残された側としては、亡くなった人が、天国へ行けますようにと、「唯一絶対の神」にお祈りするということです。ですから、死者に対してはお祈りをしないわけです。死者の霊は天国か、地獄か、煉獄に行っているわけですから、死者の霊そのものは、全く信仰の対象にならないし、また信仰の対象にしてはならない、ということです。

たとえば、「唯一絶対の神」に対して、私の親しい友人が、亡くなりましたけれども、彼はこういういい人だったので、天国に行けるようご高配をお願いしたいという祈りは、カトリックでは成り立つわけです。プロテスタントの場合は、人が亡くなりますと、その人は「第一の死」と言って、眠りの世界に入るわけですね。ですから、天国にも地獄にも行かない。とにかく眠った状態です。そして、この世のすべての終わりに、それまで眠っていた人がすべて起こされて、最後の審判を受け天国か地獄に送られるということです。

したがって、プロテスタントの場合、理論上は、「唯一絶対の神」に対して天国に行きますようにという執り成しも何もできないということです。まだ眠っているわけですから、そういうことが言えると思います。

それをちゃんと確信していれば、つまり自分自身が敬虔なプロテスタントで、自分の友達が死んだときには、彼は眠っているんだということが信仰的に確信できれば、誰が何をしようが関係ないのではと、私は思っています。

上田賢治（司会）　はい、どうぞ。

尾崎貞直（富山県）　非常にわかりやすくご説明いただき、たいへんありがとうございました。キリスト教の崇高な信仰とか理念とかいうものは非常に立派だと思いますが、これが災いして、戦後もキリスト教は、日本では割合に布教が遅いわけです。七十ぐらいだった人が、今のご説明を聞くと、だいたい百万と聞いていますが、今後どういうふうに変化してくるか心配になってきます。

これは、かつて中世のヨーロッパに対してキリストローマ教会が一時的に偶像崇拝を許した、ゲルマンの文化の低いところに対しては、偶像崇拝がなければならないと考えた時期がありま す。したがいまして、日本においても、これから仏壇とか、偶像崇拝だとか、葬儀だとか、人間の情とかいうもので、富山県のような田舎の方では、いろいろ混乱してくるだろうと思います。また、私が見ている限りも、そういう状態が見られます。

このことで、非常に心配になるのは、神社本庁にもお願いしたいのですが、フィリピンのあのマルコス打倒の現状、それから韓国の現状ですね。キリスト教がどういう風に動いているかということです。カトリックの場合は、ローマ教会が、ある程度これを指導監督していますが、プロテスタントは何をやり出すかわかりません。こういうものに対して、将来、神社本庁は考えていかなければならないと思います。

五〜六年前、富山へお出でになった講師の方に、私は、早くフィリピン、韓国の実情を研究して、これに対処しなければならないということを申し上げました。そういうことを考えますと、これからの問題はたいへんな問題です。私は一番年をとっているようですが、最初の質問で非常に感銘を受けましたので、これからの若い神職の人たちに対し、これをしっかり教えてゆかないと、アメリカの圧力、米の圧力がかかってきております。またそれだけではありません。キリスト教が、信仰の自由の名のもとに、日本にどのように来ないとも限らないのです。話が長くなりましたが、神社新報の記事を見ましても、割合に甘い点が見られます。世界平和というのは、非常に大切ですが、やはり厳しい考えをもってゆかなければならないと思います。以上、長くなりましたが、要望のようなものを申し上げて終わります。

上田賢治（司会）　どうもありがとうございました。信仰の面から申しますと、伝統的な信仰習俗の中に込められている意味をはっきりと、自覚化させるという教化的な活動が必要ではないか、日本人の伝統的な祖先祭祀、祖霊祭祀についての意味の徹底を、教化活動を通じて、キリスト教の信仰がどういう意味を持っているかを知らせてゆかなければならないということがあるかと思います。

ご質問の中心の点に関しましては、先程の落合さんが、組織渉外部長をしておられまして、直接にご関係がおありになりますから、一言おっしゃっていただきたいと思います。

落合　答えになるかどうかわかりませんが、キリスト教のものの考え方と、我々の伝統的ものの考え方は、どこが違うのかを常にはっきり認識するように努力してゆかなければならないだろうと思います。

神に対する考え方、神の概念ですね。これなども、全く違うわけですから、その辺が混同してきますと、物事の本質が見えなくなってくるのではないかと考えています。したがって、自分と全く違う価値観を持つ人たちと協調してゆかなければなりませんが、なあなあで手を組んでゆこうというのではなくて、お互いにどこが違うかということをはっきりさせていきながら、違った立場というものを充分理解し合ってゆくことが、先程、米の問題とかいろいろ出ましたが、そういうところに一つの原点があるのではないかと思います。

それから、キリスト教の対策と言いますと大袈裟ですが、キリスト教徒の中には、山口裁判で出てくる林牧師のような人たちばかりでもないわけです。やはり日本の伝統を充分理解しながら、その中でキリスト者としての信仰を確立している人もたくさんおられます。

しかし、今、林牧師やそういう類の牧師が活躍していますので、そういう人たちに対して、キリスト教徒の良識派の人たちが物言えば、唇寒しということで、静かに黙っているところも現実にはあります。そういう人たちに対して、正論を吐いてもらうという場を、何か考えていくということも大切なことではないかと考えています。

(「昭和六十二年度第六回神社本庁神道教学研究大会報告
主題『神道教学研究の現況』神社本庁教学研究所編　昭和六十三年九月三十日発行」)

(注記)

第一審(山口地裁・昭和五十四年)で被告隊友会山口県支部連合会が敗訴、第二審(広島高裁・昭和

五十七年）も同様の判決が下されるという信じがたい事態が続いたのである。

そして、昭和六十三年六月一日、最高裁でようやく正論といえる判決が下されたのである。この裁判の争点は、二つの点に分かれるが、第一点の「信教の自由」の侵害という部分は、「県護国神社による被上告人（妻）の亡夫の合祀によって、被上告人の法的利益が侵害されたとはいえない」と判示されたのである。信教の自由は、全ての人に平等に与えられた権利であって、他人の宗教上の行為が不快だからといってその法的利益を認めれば、逆に護國神社の信教の自由を侵害するという極めて当然の判断といえるだろう。

第二点の国（自衛隊山口地方連絡部）の行為が憲法二十条三項にいう宗教的活動にあたるか否かの「政教分離」の解釈については、合祀申請をした隊友会と自衛隊山口地連との区別をした上で「これらの行為は、宗教とのかかわり合いが間接的であり、意図、目的も、合祀実現により自衛隊員の社会的地位の向上と士気の高揚を図ることにあった」から「宗教的意識も希薄」であり、特定の宗教を「援助、助長、促進し、又は他の宗教に圧迫、干渉を加えるような」効果を持つとは認め難いとの判断が示された。

この判断は、津地鎮祭訴訟最高裁合憲判決で示された「目的効果基準」の法理に従い「憲法二十条三項にいう宗教的活動ということはできない」として、妻の請求を棄却、一審、二審の判決を取り消した上で、合憲の判断を示した。

結果、合憲の判決が確定したものの、一審、二審の判決が社会に与えた影響は大きい。マスコミの報道姿勢にも問題はあるが、社寺に関わる伝統行事や観光行事などに、行政の関わりを薄めさせるという結果を招いている。

津地鎮祭訴訟最高裁判決の「目的効果基準」の内容を十分理解して、地方での行政の動きに関心を持って欲しい。問題があれば、首長に面会して説得する必要がある。

信教の自由とは何か。それは異なった信仰を持つ人々が、互いの相違点を理解しつつ、寛容の心と敬意を持って共存共栄の道を共有することであろう。

六月晦大祓《おおはらえ》挨拶

常日頃東照宮に篤い報賽の誠を寄せて頂いております崇敬者多数のご参列のもと、恒例の六月晦の大祓を事無く奉仕することができました。毎年元気な同じ顔ぶれの皆様にご参列頂きましたことを心よりお慶び申し上げます。

大祓は、その起源が何時か定かでないほど古い、我が国固有の伝統的神事ということになります。『古事記』や『日本書紀』を見ますと伊邪那岐命が、黄泉の国から逃げ帰られた後に、身についた汚穢《けがれ》を祓うため禊祓《みそぎはらえ》をされたこと、須佐之男命が天津罪を犯されたので祓えが行われたこと、仲哀天皇が崩御《ほうぎょ》された時、「国之大祓」が行われたことなどの他に、祓えに関する記事がしばしば見えております。

大祓は太古の昔より、六月の晦と十二月の晦に行われる恒例のものと、天皇の崩御時のように臨時のものとがあります。平安時代に成立した『延喜式』には、「六月晦日大祓十二月此れに准へ」とあり、親王以下百官が朱雀門に集合し、半年の間に犯された種々の罪穢を祓清めていました。

六月の大祓は、式に続き特に茅輪神事《ちのわしんじ》を行う場合があります。茅輪の故事については、『釈日本紀』に引用されている『備後國風土記』の記事によって知ることができます。

それによりますと、神代の昔、武塔神（速須佐能雄能神）が、南海の方にお出ましになる途中で日暮れとなり、ある兄弟に宿を求められましたが、裕福な弟は、断り貧しい兄が、貧しいなりにも、鄭重にご接待申し上げました。その後、年を経て速須佐能雄能神は、宿を用意した兄蘇民将来《そみんしょうらい》の家を訪れて「もし後世に天下に悪疫が流行したら、蘇民将来の子孫と云って茅の輪を腰の上に着けよ。そうすれば疫病から免れるであろう」と教え諭されたといいます。

茅の輪も最初は小さい腰に着けるものであったのが、時代を経て大きくなり神社の社頭や鳥居、神門などに取り付けてこれを潜って祓え清めるという今日の茅輪神事となっています。茅輪を潜る時、「みな月の夏越の祓する人は　千年の命のぶというなり」とか「蘇民将来　蘇民将来」と繰り返し唱えるところもあります。

半年の間に無意識または不注意の言動をもって他人を疵付《きずつ》けたり、また逆のこともあるでしょう。今日の大祓によってその罪穢を黄泉の国に祓い遣って頂きました。

私達人間は、いくら努力しても限界があり、神様に運を添えて頂きながら日々心身ともに穏やかな生活を送ることができます。先祖は、そのことを伝統的神事や祭祀を通じて教えてくれています。神の恵みと祖先の恩とに感謝しつつ、また皆様と御社頭でお会いできる日を楽しみにしています。本日は、久能山東照宮の夏越の大祓にご参列頂きまして有難うございました。

（「夏越大祓」直会挨拶　於　社務所　平成十八年六月三十日）

例祭

本日は、例祭にご参列頂きありがとうございました。当宮の例祭は、御祭神徳川家康公が薨去された元和二年四月十七日に因み、四月十七日に斎行されております。例祭とは、各神社の一年中で最も重要な祭祀ということになり、それぞれの神社や御祭神に特別の縁ある日に斎行される祭りです。さて当宮では、毎年この「例祭」の他、二月十七日の「春季大祭」十月十七日の「秋季大祭」及び十一月二十三日の「新嘗祭」の四祭典を大祭として奉仕しています。

ところで、時々、「当社の例大祭にあたり」という言葉を耳にすることがあり、神社由緒書や境内の案内板などにも「例大祭」の文字を散見します。神社本庁の「神社祭祀規程」を見ると「神社の祭祀は、大祭、中祭及び小祭とする」とあります。そして「大祭」とは「例祭　祈

年祭　新嘗祭　式年祭　鎮座祭　遷座祭　合祀祭　分祀祭　神社に特別の由緒ある祭祀」となっていて「例大祭」の文字はありません。

従って「例祭　祈年祭　新嘗祭　式年祭　鎮座祭　遷座祭　合祀祭　分祀祭　神社に特別の由緒ある祭祀」以外に「大祭」はありません。特定の神社で、その「神社に特別の由緒ある祭祀」を「例大祭」と規定している以外は、「例大祭」という言葉は、無いことになるでしょう。

しかし、靖國神社も「例大祭と言っているよ」という声が聞こえて来そうです。実はその通りなのです。靖國神社では、「春季例大祭」と「秋季例大祭」という大祭が斎行されています。靖國神社の祭祀は、神社本庁傘下の神社ではないので、神社本庁の「神社祭祀規程」に準拠することなく、靖國神社独自の祭祀規程の中で、大祭として「春季例大祭」と「秋季例大祭」を規定して奉仕されているわけです。

神職にとって祭祀の厳修は、第一義の任務です。祭式のみならず「神社祭祀規程」他「祭祀の厳修」に関わる規定もしっかり学びつつ宮司としての職務を果たしていきたいと思いますので、今後とも社務運営に更なる御支援のほどよろしくお願い致します。

（『社頭講話集』静岡県神社庁教化委員会　平成二十七年六月二十三日発行）

御神火物語

―伊豆大島の噴火と三原神社―

溶岩流に消えた火口茶屋

昭和四十九年以来十二年ぶりの火山性微動が、伊豆大島火山観測所の地震計に捉えられたのは、昭和六十一年七月七日のことであった。三原山が沈黙を破り動き出していた。三原山頂上の火口から三百メートル位の場所に三原神社が鎮座している。

代々神職の家柄である吉田龍一さんは、毎日この三原神社まで行き、お供えをしたり、掃除したりとお世話をしている。将来神職になるべく、山口国学院での勉強も終わり、あと残っている実習をすませると、正式に神職資格を手にすることになる。

昭和六十一年十一月に入って、十二日頃から、地元の人が、三原山に噴気が噴き上げられているのを確認するようになった。十四日気象庁は、大島三原山の火口内から噴気が連続的に噴き上げているとの臨時火山情報を発表した。

十一月十五日午後二時頃、吉田さんは、いつものように、三原神社に参拝した。しかしこの時、只ならぬ直感が、体を走り抜け、社殿の扉の鍵に手がかかっていた。

噴火するかもしれないと感じたのは、頭でも目でもなかった。背筋に近い部分で感じたと表現するのが最も近い様な気がした。それから先は、ほとんど無意識のうちに鍵を取りはずし、扉を開けた。

三原山頂の三原神社　　土岐昌訓氏 提供

御神体の入っている箱の前に正座し、深く一拝して、心の中で「御動座仕え奉ります」と呟くと、箱を両手で抱きかかえ、急いで山を下り、三原山中腹に鎮座する御本社大宮神社に着き、御本殿の扉を開け、無事御神体を御動座終わったのは、午後三時過ぎであった。

それから凡そ二時間、午後五時二十五分頃三原山が噴火、その勢いは徐々に強まっていった。夜空にオレンジ色の火柱が、五百メートルも噴き上げられ、その噴煙は三千メートルにも達した。

火山噴火予知連絡会の下鶴大輔会長は、「この世に美しいもの二つあり。天にオーロラ、地に噴火」と語ったという。また、大島の波浮小学校五年、川崎美知子ちゃんは、文集『明日葉《あしたは》』の中で「噴火」

と題して

　御神火様が十五日に噴火した時は、神様が七・五・三をおいわいしているみたいに思えてきれいだったけど、二十一日の噴火の時には、真赤な溶岩がすごくておそろしかった。


と書いている。

人間には、神々の深い御神慮のすべてを測り知ることは到底できない。しかしながら、大島の人々は、太古の昔から三原山の噴火を、唯単に火山の自然現象として捉えるのではなく、神々の深い御神慮によるものと信じてきた。従って、「御神火」という。

夜空に噴き上げる御神火の美しさは譬えようもなく、「七・五・三」を祝う神々の御神慮とみたのであろう。また激しく噴き上げる御神火は、時として身の毛もよだつ恐怖を与える。御神火を通じて、長い間、御神慮を拝し続けてきた大島の人々の信仰の伝統は、子供達にも、肌で受け継がれているのである。

十一月十九日午後、真っ赤に溶けた溶岩流は、火口からゆっくりと流れ出し、三原神社から十メートルと離れていない火口茶屋を襲った。火口茶屋は一瞬のうちに炎に包まれ、やがて溶岩の中に消えていった。

その様子を報ずるテレビの画像は、火口茶屋が溶岩流の中に消えさるのを見届けると、別の場所にアングルを変えていった。火口茶屋の隣に三原神社があるのに、何故、テレビの画像はそこまで追ってくれないのか残念な気持ちで、思わず天を仰いだ吉田さんは、テレビの前を立ち、外に出て空高く噴き上げる御神火を空虚な気持ちで見上げていた。

十一月二十日の読売新聞朝刊は、この様子を報じている。

活発な爆発を繰り返している東京、伊豆大島の三原山は十九口、噴出した溶岩が内輪山北西部からせり出すようにあふれ出し、午後には西北山頂の火口茶屋、三原神社を一気に飲み込んだ。

しかしこの記事には、重大な誤りが一つだけあった。三原神社は、「飲み込」まれなかったのである。その詳細は後述する。

大島の式内社と神社の信仰

平安時代の延長五年（九二七）に律令時代の法典である延喜式五十巻が完成した。最初の十巻は、神祇に関する式であるため、神祇式ともいう。この巻第九・巻第十は、特に神名帳といわれ、全国の神社名が諸国別に書かれている。全部で三一三二座、二八六一所になる。座は祭神の数であり、所は社の数を意味する。この延喜式神名帳に登載されている神社のことを、「延喜式内社」または単に「式内社」という。

伊豆国には、九十二座の神々が式内社に列している。賀茂郡四十六座、田方郡二十四座、那賀郡二十二座である。

式内社が国別で最も数が多いのは、大和国二八六座であるが、陸奥国（現在の青森県、岩手県、宮城県、福島県全体）百座、参河国二十六座、遠江国六十二座、駿河国二十二座等と比較してみると、伊豆国に式内社が極めて数多いことがご理解頂けるであろう。

さて九十二座の神々のうち、二十四座が伊豆の島々に鎮座する神々で、伊豆大島には、三座の神々がお祀りされているのである。すなわち、

波《は》布《ふ》比賣《ひめ》命《のみこと》神社《のかみのやしろ》
阿《あ》治《じ》古《こ》神社《のかみのやしろ》
波《は》治《じ》神社《のかみのやしろ》

の三社である。

波布比賣命神社は、現在、波布比咩命神社と書く。波布港を見おろす高台、大島町波浮に鎮座、波布比咩命、建御名方富命《たけみなかたとみのみこと》、八阪刀賣命《やさかとめのみこと》を祀っている。

阿治古神社は、現在大島町野増に鎮座の大宮神社といい、阿治古命と天照大御神を祀る。

波治神社は、現在大島町泉津に鎮座、波知加麻神社という。大廣祇命《おおひろずみのみこと》を祀っている。

この三神社が、大島で最も古い神社であるが、互いに深い関わりがある。その辺の事情を語

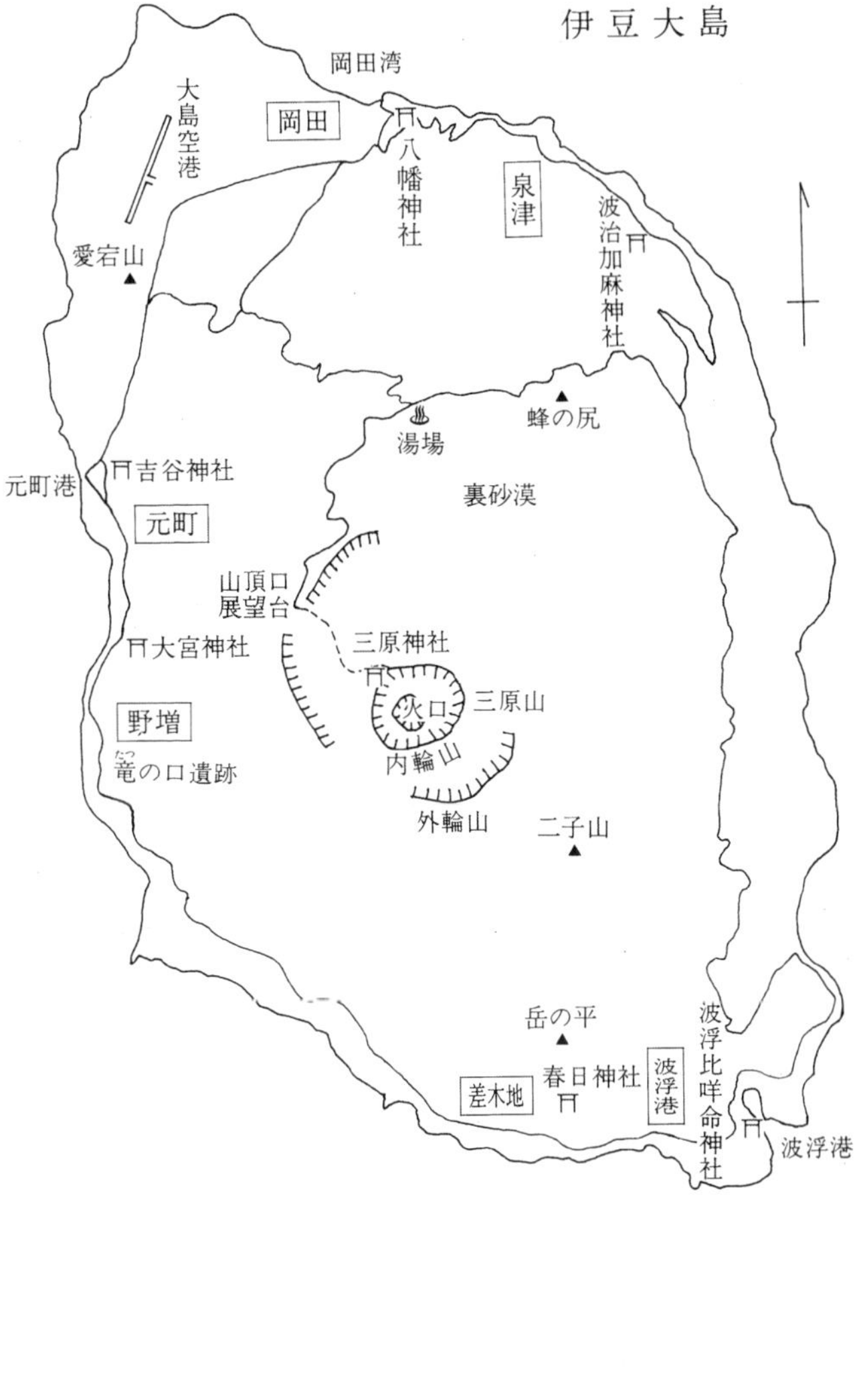
伊豆大島
岡田湾
岡田
大島空港
八幡神社
泉津
波治加麻神社
愛宕山
蜂の尻
湯場
元町港
吉谷神社
元町
裏砂漠
山頂口
展望台
三原神社
大宮神社
火口
三原山
野増
竜《たつ》の口遺跡
内輪山
外輪山
二子山
岳の平
春日神社
差木地
波浮港
波浮比咩命神社
波浮港

る前に、大島の他の神社にも少し触れておきたいと思う。

大島町差木地には春日神社があり、天児屋根命を祀っている。大島町元町には吉谷神社《よしやじんじゃ》があり、大山祇尊《おおやまつみのみこと》を祀る。大島町岡田には、八幡神社があり、誉田別尊《ほんだわけのみこと》を祀っている。なお境内神社に龍王神社があり安徳天皇を祀っている。

さて、これで大島町の六地区に、各一社ずつ神社があることがわかる。ところが、江戸時代にはもっとたくさんの神社があった。天明九年（一七八九）の『伊豆大島差出帳』を見るとまず、

「大宮三原大明神」

を挙げ「孝安天皇（第五代）の時代に御鎮座されたと言い伝えられている。孝安天皇の何年かはわからない。伊豆三島大明神と御一体で、その分神の神であると言い伝えてきている。六月一日に祭礼を行ってきている」と書いている。そして、以下、「末社」として三十五社の神名が見えているのである。

大宮大明神、蔵王権現・薬師十二神、神達大明神、吉谷大明神、波浮大明神、明野明神、羽路釜明神、八幡宮、龍神、二宮明神、小山明神、姥子十二神、花表明神、知恵明神、蔵沢之宮、神明、住吉大明神、荒嶋明神、中之山明神、屋形明神、御躰明神、権現、大六天、役行者、愛宕、香殿大明神、（二祠）、御榊之明神、浜之宮、自在天神、松原之宮、矢鏑之

宮、白浜明神、根崎明神、山之神

ここで注意すべきことは、「三原大明神」を「本宮」として、それ以外の三十五社を、その末社としていることである。三原山の頂上に鎮座する三原大明神は、大島の総鎮守でありその他の神社は、三原大明神の末社とあると信じられていることが判るであろう。この末社の中には、三原大明神を遥拝する施設から発展して神社となったものも多い。

さてここで、大島で最も古い歴史を持つ式内社、波布比賣命神社、阿治古神社、波治神社の関係に目を向けてみることにしよう。それにはまず、『三宅記』や『伊豆海島誌』さらには各神社の社伝、その他によって、伊豆諸島開創の大ロマンから話を聞いてもらわなければならない。

出雲の事代主神が、多数の神眷族《けんぞく》を従えて三宅島に漂着したのは、孝安天皇の二十一年であり、この神を三島明神という。三島明神は早速、七島の開創に着手、大島には、后《きさき》羽分の大后を置かれ、二人の王子が生まれた。一人を太郎王子オオイ所《ところ》といい、次を次郎王子スクナイ所と申しあげた。すなわち、羽分の大后は、波布比賣命、太郎王子オオイ所は、阿治古命、次郎王子スクナイ所は、波治命であり、その社は、共に式内社に列せられたが、大島開創の祖であった。

現在、大島の六地区に各々神社が一社ずつ鎮座していることは、先に述べたが、波布比咩命神社は、三宅島を遠く背にして三原山に向かって鎮座し、差木地の春日神社、野増の大宮神社、元町の吉谷神社、岡田の八幡神社、泉津の波知加麻神社の五社すべて、三原山を背に鎮座している。

波布比賣命は、事代主命のご神意と寵愛を背に、大島の総鎮守としての大役を担われる長子阿治古命を優しく見守り、弟の波治命をはじめ、春日神社、吉谷神社、八幡神社の神々も阿治古命の力強い援助者であり、また各々の六社は、各地区の鎮守の神として、限りない神恩を以って、日夜氏子の平安を護っているのである。

三原大明神の歴史　―阿治古神社から大宮神社に―

『伊豆大島志考』によれば、

大島においては、縄文前期の終りからこの年代の出土品が、島の西北海岸一帯からのみ発見されているところから見て、当時の住民たちは、野増の阿地古《あじこ》あたりから泉津動物公園付近に至る平坦地を往返したと見られ、この時代島内人口はまだ極めて少なく・・・と見えている。式内社の阿治古神社は、元来野増の阿地古にあった。阿地古は、大宮神社が鎮座する所より二～三キロメートル上の右側一帯の三原山中腹であるが、現在は雑木林となっており、何もない。吉田忠吉さんの話によれば、戦時中に阿地古で神社の跡と思われる古い石組を見たことがあるという。昔はこの阿地古に水源地があり、水道を引いていたそうである。

さて、阿治古神社は、どうなったのだろうか。島は、野増の阿地古地区から始まった。ここに最も早く住み着いた人々は、阿治古神社をそこに祀り生活をしていた。しかし、三原山の噴火の度に火山灰によって、被害を受けたので、人々も現在の野増に移り住むとともに阿治古神社も野増の現在地に遷座したのである。そして社名も大宮神社に改めた。

大宮神社の最も古い棟札に

野増村大宮社棟札
大ダンナ
卜部朝臣神氏（之）家
十郎太郎広家　敬建之
大宮大明神御宝殿
並　十六王子宝殿
大工伊豆河津庄住人
藤井左衛門四郎門弘
文正弐年丁亥霜月二十六日

とあり、この時つまり文正二年（一四六七）十一月二十六日に、阿治古神社が大宮神社と社名を変えるとともに、現在地に遷座したものと推定されるのである。この時に、阿治古命の他に天照大御神を新たに祭神に加えた可能性も、社名の変更より考えられる。しかし、大宮神社の社殿は、その後、永正十四年（一五一七）五月十四日にも建て替えられており、その時の棟札には、

伊勢國山田住人　大工小池助三郎
　同　　　　　　　　大石　兵蔵

とあるから、そのいずれかの頃に、天照大御神を新たに祀るようになったと考えられるのである。

阿地古地区に阿治古神社が鎮座していた頃、三原山山頂に、別に三原大明神を祀る社があったかどうかは判らない。阿治古神社が野増に遷座して大宮神社となり、三原山山頂からかなり遠い里に鎮座したため、それ以後に、山頂付近に阿治古命を新たに、三原大明神として祀るようになったのではなかろうか。記録がないので、正確なことは判らないが、『伊豆大島差出帳』の記録から考えると、天明九年（一七八九）以前に鎮座していたと思われる。

すでにこの頃、六月一日に頂上の三原大明神の祭礼が行われていた。各地区の人々が、先達（神主）とともに祭礼前の一週間お籠りをした。毎日、ゴリトリ桶で、海水を浴びて禊《みそぎ》をして、魚や肉を食べず野菜中心の別火生活をして、六月一日を迎えた。先達は馬に乗り、手には、錫《しゃく》杖《じょう》を取った。

各地区より、先達に従って山頂の三原大明神を目指した。その馬は飾りたてられ、子供は白衣に脚絆《きゃはん》をつけ菅笠をかぶった。菅笠には、布で作った小さな人形が、吊り下げられた。外輪山と内輪山の境に来ると、人々は、真新しい草履に履き替えて、内輪山に入って行った。三原大明神の御前で、厳粛に祭典が執り行われた。人々は島の平穏や豊作、豊漁等思い思いの祈願を済ませると、各々の地区に向かって、山を降りて行った。

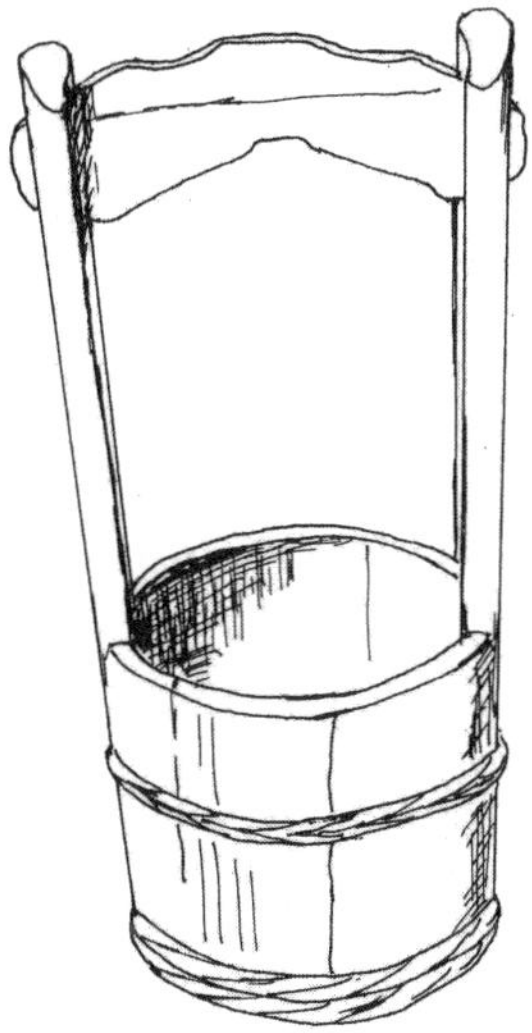
ゴリトリ桶

野増の人々は、帰りに波浮比賣命神社、春日神社に参拝して野増に帰り、大宮神社に参拝して帰宅したのである。

この六月一日が山開きであり、それ以前に登ることが許されなかったが、その禁を破って山頂に登る人もいなかったし、登る必要もなかったという。

この山開祭に、各地区から集まってくる

ことは、大正時代末期頃まで続いたが、それ以後は吉田忠吉さんが、近年に至るまで祭典を奉仕してきたそうである。

三原神社の社殿は、地元の人々が、砂漠と呼んでいる場所に鎮座していた。しかし昭和二十五年の噴火時に、この社殿は焼けたもののその中にあった小祠は、不思議にも残ったという。その小祠を現在の三原神社鎮座の地に遷座し、祀ってきたが、その小祠を現在の社殿に改築した。鉄筋コンクリート造で、奥行一間、幅一間半あり、高さは約四メートルある。本殿の扉と高欄は、木製である。

御神火と大島の生活

三原山の噴火は、昔から御神火といわれてきた。大島の人々は、「大島節」に「わたしゃ大島、御神火そだち、むねに煙はたえやせぬ」と歌われているように、三原山の噴火の時も、そうでない時も、常にこの御神火と深い関わりを持って生活をしてきた。

「神火」の語は、藤原宗忠の日記である『中右記』に「天永三年（一一一二）十月、伊豆の国司申す。海中に神火燃え鳴動京師に聞ゆ」とあるのが、文献上の初見である。しかし、これはあくまでも文献上の初見であるから、それよりはるか以前、大島開創の時より、大島の人々が、御神火とともにあったのである。

さて、大島の方言を調べてみると、御神火のみならず、三原山に関係する言葉に、大島の人々の神々に対する深い信仰の伝統を見ることができるのである。

まず、三原山の「みはら」は「みほら」の転訛だといわれているが、三原山のことを「お山」という。噴火口を「ミホラ」「オアナサマ」「オアナ」、御神火の爆音を「オオトサマ」、溶岩流を「オナガレ」、噴火の煙を「オケムリ」「オケブ」、降灰を「オハイ」「ゴハイ」といい、波浮地方では、闇の夜などに、三原山の噴火口内の火が雲に映って、上空が真っ赤になることを、「オヤマガヤケル」または「オアカリ」といい、翌日は漁があるといって喜ぶという。

さて次に、噴火の歴史的記述の中から、神々の信仰について窺ってみたいと思う。まず『日本書紀』の天武天皇十三年（六八四）十月の条に、大島に関係深いと思われる噴火の記録の初見がある。

是の夕に、鳴る声《おと》有りて鼓の如くありて、東方に聞ゆ。人有りて曰く、伊豆の嶋の西北、二面、自然に増益せること、三百余丈。更《また》一の嶋と為れり、則ち鼓の音の如くあるは、神の是の嶋を造る響《ひびき》なり。

大島の西岸の増益のことであろうといわれているが、太鼓を打つような響きとともに、三百余丈の地肌が隆起する大スペクタクルを目前にした人々の感動は、その音を、神が嶋を造る響きと断じている。

今回の三原山大噴火の取材に当たった写真家の篠山紀信氏も「この噴火に神を見た」といっているが、科学の進んだ現代に生きる人々であっても、同様の光景を目の当たりにすれば感慨また同じであろう。

次に『続日本後紀』仁明天皇承和七年（八四〇）九月三十日の条を見ると、

去る承和五年七月五日夜、火出ず。上津嶋の左右の海中を焼く。炎は野火の如し。—中略—炎煬《えんよう》は天に達し、その状は朦朧《もうろう》として、所々に焱《ほのお》が飛ぶ。その間旬を経て、灰は雨のごとくふり、部に満つ。よって諸の祝、刀祢等を招集して、その祟を卜求せしむという。

とある。十日間以上にわたって、火柱が空高く噴き上げられ、その炎が、所々に飛び、灰が雨のように降ったので、神職、その他神々に仕える人々を招集して、その原因を占いにより探求させたという。

占いといえば、律令時代、中央の神祇官に出仕した四国の卜部《うらべ》のことが思い出される。亀卜《きぼく》（亀の甲を焼いて吉凶その他の神意を判断する卜い法）によって卜占を行うとともに、六月、十二月の道饗祭《みちあえのまつり》、鎮火祭《ほしずめのまつり》や大祓《おおはらえ》の時に解除《はらえ》を行うことを専門とした人々で、伊豆国と壱岐国から各五人ずつ、対馬国から十人の卜術にすぐれた人々が選ばれた歴史がある。

御神火とともに生きる人々、その生活の中から必然的に卜占が発達するとともに、優れた卜部が輩出したのであろう。
次に注目すべき記録に元町の「薬師如来祈禱札」がある。東京都の文化財に指定されているこの木札は、天文二十一年（一五五二）九月十九日の噴火の記録である。

右彼の祈念は、天文二十一年壬子九月十九日御原より神火出で、同二十七日の夜半江津に島を焼き出し給ひ、江津の池即島となる。然るに其の勢詞に宣へ難く島鳴動すること六種震動し、火炎双天に上って雲霞暗く、蔽として日夜勝劣も無く、人民恐怖を為し島々の人間堪《たえ》忍び難し。其の時、豆州下田より真言阿闍利、島に渡海し秘法を祈念す。即神火鎮まると言ふ。

これは、木札の裏面の記録であるが、三原山より御神火出で、その御神火は九月二十七日の夜半、海岸の湾江より島を焼き出され、湾江の池は、島となった。その勢いは、言葉で表現し難く、島は、上下左右に猛烈に震動し、火炎は空高く噴き上げ、空はその噴煙で暗くなり昼、夜の区別ができないほどで、人々は恐怖におののき、その恐怖は堪え忍びがたいほどであった。その時、伊豆の下田より、真言宗の高僧が大島に渡り、秘法を以て、御神火の鎮火祈禱を行ったところ、御神火は鎮まったというのである。
この木札の表には、この高僧が、般若心経一万巻を読誦し、法華妙典の全部を書写して供養したと記されている。

これ以後、江戸時代になって、三原山の御神火の記録は十回に及ぶ。天和四年（一六八四）二月十六日夜からの噴火は、七年間も続いたのであり、安永七年（一七七八）三月二十二日よりの大噴火によって流出した溶岩流の面積は、十一・五平方キロメートルに達したという。

これは、大島全島面積の八分の一に相当するといわれている。江戸時代、三原山から流れ出す溶岩は粘りがあり、音をたてて、小刻みにゆっくり流れてくる。江戸時代、噴火口から溶岩が流れ出し、それが、畑や人家に近づくと、神職は、真っ先にその現場にかけつけた。そしてその先端に立ち二本の御幣を突き立て、「ここで止まって頂きたい」と鎮火を祈り、祈祷したのである。

不思議にも熔岩はそこで止まり、人々は、それ以下の畑で芋を掘り出し、掘り終わると再び熔岩が流れ始める。神職はまたその下方に降り、御幣を立てて祈祷すると、再び熔岩はそこで静止、こうして、人々は避難に欠かせない食糧を確保してきたという。

静かに目を閉じて、この状況を頭に思い描くと、命がけの緊迫した中に、神々と神職と氏子を結ぶ深い信仰の絆を見る思いがする。

海を渡る神々

昭和六十一年十一月二十一日、午後四時十七分、外輪山内側のカルデラで、すざましい爆発音は、地鳴りをともなって、空高く火柱を噴き上げた。安永の大噴火以来、二〇九年ぶりとい

三原山噴火時の三原神社と
火口茶屋（昭和61年11月
19日）　共同通信社 提供

溶岩に囲まれながらも残った
三原神社　朝日新聞社 提供

う大噴火が始まった。

吉田龍一さんは、勤務先の大島高校から、野増にある自宅に急いで帰った。午後七時、立って歩くのも苦労するほど、地面は大きく揺れ動く暗闇を大宮神社に向かった。自宅から三百メートルほど、都道を元町方向に行ったところに、大宮神社の鳥居がある。さらにそこから三百メートルの参道があり、本殿に辿り着くことができる。参道は、椎やタブの大木が生い繁り、昼なお、うっそうとして薄暗く、その太い根が至るところに地表から顔を出している。

激しい爆発音と大きく揺れ動く参道を、這うようにして大宮神社の御本殿に辿り着くと、何とここだけは揺れていない。そればかりか、耳をつんざくような爆発音もはるか遠方で轟いているようにしか聞こえないのである。そこに至るまでには、こんなに揺れていては、御神体を運ぶことができるか心配であったという。何とも不思議な思いで、本殿の扉を開け、三原神社と大宮神社の御神体の入った箱を前に、御神座をしばらくの間、お遷し申し上げることをお詫びし、二つの箱を抱えて、自宅に向かった。

御神体の入った大きな箱を、自宅の神棚の前に置き、その中のさらに小さな箱を取り出して、ボストンバックに詰めると、それだけを車に積んで、午後七時半父親の忠吉さんとともに、波浮の避難所に向かった。午後八時頃、波浮の避難所に到着。そこで待つこと六時間、二十二日午前二時、波浮港から漁船に乗って元町へ、元町で海上自衛隊の自衛艦に乗り移り、やがて艦はゆっくりと島を離れた。

東京の日の出桟橋に着いたのは、午前十一時を過ぎていた。東京に着くと、五反田に住むお兄さんの家に行き、二社の御神体を神棚に奉安した。そこで、御神火の一日も早く鎮まり給わんことを祈りつつ、時を待つことにしたのである。

十二月十九日、龍一さんは、二社の御神体のお世話を父忠吉さんに託して、一足早く帰島、真っ先に大宮神社に行って、御社殿の無事を確認した。

十二月二十三日、東京に残っていた忠吉さんは、再び御神体をボストンバックに詰め、羽田空港に向かった。ところが困ったことが起こった。搭乗手続きの際、係官にボストンバックの中身を見せるようにいわれたのである。忠吉さんは中に神様が入っていると説明し、御神体の入っている箱の一部を少し見せるだけで通過させてもらった。

この時は、本当に困った、もし箱の中の御神体を見せるように言われたら、帰ることができないと思った瞬間、冷汗が流れたという。

午後二時頃、飛行機は大島空港に無事到着、龍一さんの出迎えで御神体も家族も無事、野増の自宅に帰ることができたのである。二十三日夕刻、御神体を自宅の神棚に奉安、無事に帰れたことを奉謝し御神火の鎮火を祈った。二十四日の朝、二社の御神体は大宮神社の御本殿にお帰り頂いたのである。

しかしこれで元通りになったわけではない。忠吉さん龍一さん親了は、一日も早く阿治古命の御神体を、山頂の三原神社にお帰り頂く時を待っている。

常に緊急の中で、充分な祭典が執り行えなかったので、山頂に立ち入ることができるようになったら、三原神社の整備を行い、厳粛な祭典を斎行してお帰り頂く日を心待ちにしているとのことであった。

三原神社は残った

昭和六十二年一月一日朝、野増に住む植村秀正町長は、昨年十一月十五日の噴火以来の様々な思いを胸に去来させながら、氏神様である大宮神社の参道を登っていった。

三揃の背広に身を包み、夫人をともない、その手には、かつて神職が、溶岩流の先端に突き立てていったあの御幣が奉持されていた。

神前に御幣を奉り、神々の御加護によって町民が無事帰島できたことに、深く感謝の誠を捧げるとともに、御神火の鎮まり給わん事を、大島の一日も早い復興を、また町の愈々の発展を、心中深く祈りつつ参拝をすませた。

この頃、三原山頂を目指して、山を登り始めていた三人の親子がいた。元町に住みマッサージ業を営む金子恵哉さんと、長男肇さん次男登さんの三人は、山の中腹まで来たものの道に迷い、いったん下山し始めた。ところが、途中に山頂方向を示す矢印に出合い、再び山頂を目指したのであった。

やがて、一面固まった溶岩の原、その岩陰に何人かの人の動く姿があった。その人の方に進んでいくと、岩間に何か赤い物が見える。何だろう。近くまで来ると、何と三原神社の屋根ではないか。持ってきたビデオカメラを夢中でまわしたのは、次男の登さんであった。

溶岩は、社殿を取り囲むように止まっていた。最も接近している所では、社殿との間は約三十センチしかない。真っ赤な社殿の屋根には、傷一つ無く、雨に洗われたのであろうか、火山灰も塵も積もっていない。

社殿の正面にまわってみると、社殿から約二メートルの所に、直径一・五メートルもあろう火山弾が、コンクリートで舗装された短い参道の真ん中、地中にめり込んでいる。

さすがに、社殿のまわりの木製の高欄と扉は半分近く焼け焦げていた。社殿の中をのぞくと、高さ十五センチほどの真鍮の一対の瓶子と、直径五センチほどの水器が残っていた。

社殿の外に出て、社殿に迫り来る溶岩の先端に、ふと目をやると、驚いたことに、何と溶岩を突き破るようにして、二本の虎杖《いたどり》が芽をふき、伸びて三十センチほどになっている。長い間、御神火によって培われてきた人々の、不屈の生命力を寿《ことほ》ぎ、象徴しているかに思えてならない。

金子さん親子は、感激のうちに山を降りた。近くの人々に撮影したビデオを見せながら、その感激を語った。

その話は、大島の人々の話題とするところとなり、朝日新聞記者の耳に入った。

昭和六十二年一月十二日の朝日新聞朝刊は、

三原神社

〝御神火様〟無事だった

壁まで30センチ、熔岩止まる

という見出しで、熔岩に囲まれながらも、残った三原神社の写真を掲載して報道した。

金子恵哉さんは言う。

今回の三原山の噴火で、農作物をはじめいろいろな被害があった。しかし、御神火様には御神火様の人間には、計り知れない事情があるのだろうと思う。それは、この地球を、この島を保持していくために、神様としてどうしても行わなければならないことであるかと思う。その中で、御神火様は、大島町民を一所懸命に守って頂いたと信じている。三原神社は残った。避難の時は、天候に恵まれた。

元町に迫った熔岩は、消防団の人々が、放水し喰いとめる努力はしたものの、人家七十メートルの地点で静止した。御神意の全体については、我々人間には、測り知ることはできないが、我々を守って頂いた御神慮を畏《かしこ》むことはできる。神様の御加護に深く感謝せずにはいられない。

こんな気持ちでいる人は、金子さんのみではないと思う。多くの人々が、体験を通じて神明の御加護の有難さを知ることができたのではなかろうか。

昭和六十二年一月十五日、大島町の成人式が元町の開発総合センターで行われた。七十一名の新成人に対して、植村秀正町長は、次の通りの挨拶をした。

我々は、御神火とともに生きていく宿命を背負っている。危険が去ったわけではないけれど、ふるさとと復興のために共に進もう。

あとがき

我が国は、火山国として有名であり、三原山のみならず、多数の活火山がある。過去には、その噴火の影響によって、神社の社殿が倒壊した例は、少なくない。

また台風や地震・津波等によって、災害を受けた例も同様である。そんな経験のある氏子・崇敬者や、今回の三原山の噴火による大島の神社への影響を心配されている多くの神社関係者にとって、神社や氏子・崇敬者が無事であったかどうか、最も知りたいところではないだろうか。

山頂の三原神社も、社殿は残ったが、鳥居や由緒の書かれた石碑は、残念ながら熔岩の中に消えていったものと思われる。その他の神社については、足を運び、参拝の後境内を注意深く拝観させて頂いたが、波浮比咩命神社の境内にある石燈籠の笠が落ちていた以外は、これといった被害を目にすることはなかった。

昭和六十一年十一月半ばより、十二月下旬にかけて三原山の噴火について、またそれに伴う大島の人々の動向が、テレビ、新聞等で大々的に報道されたのであるが、神社の状況や長い間にわたり育まれ、心の拠となってきた御神火の信仰については、断片的に報道されたに過ぎなかった。

そこで、今度その尊い信仰を、御神火の歴史なども含めて、「氏子のしおり」の一冊にまとめてみた。神社信仰の一面を考えて頂くための何らかのご参考になり得れば幸いである。

（『御神火物語』氏子のしおり・その三十二　神社本庁　昭和六十二年五月一日発行）

付記

昭和六十一年十月一日付で三年間務めた秘書部主任主事から、参事調査部長心得の辞令を受けた。三十九歳だった。神社本庁の新年度は七月一日に始まる。調査部長は、年度内に三十ページ前後の冊子『氏子のしおり』を執筆する仕事があった。

予てより、伊豆国の式内社と関わりがあって、西伊豆の式内社十一社を調査し、「『式内社調査報告』第十巻（伊豆国・甲斐国）昭和五十六年一月三十日、皇學館大学出版部発行」に原稿を執筆したことや、三原山噴火以前に、大宮神社関係者より境内整備についての相談を受けていたことなどもあって、昭和六十二年三月頃、大島に渡り現地調査して、急いで執筆した。そして、五月一日の発行となったが、その日付で調査部長心得から組織渉外部長の辞令を手にすることになった。

昭和、平成の御代が終わり、令和の時代となって、あれから三十年以上の歳月が過ぎた。この間にも数多くの自然災害を経験することになった。今後も、多くの災害と対峙することになるであろうが、神々の御加護を頂きながら力強く生きていかなければならない。

上杉鷹山公のご敬神

アメリカ合衆国第三十五代大統領に就任したケネディは、日本人記者の「最も尊敬する日本人は」の質問に対して、即座に「上杉鷹山」さらに「自分の政治家としての理想像」とし「アメリカも大事な時であるから、私も十分頑張りたい」と。そこにいた日本人記者団の誰も上杉鷹山公のことを知らなかったという。

鷹山公は、宝暦元年（一七五一）、日向高鍋藩主秋月種美公の次男として江戸屋敷に誕生。宝暦十年（一七六〇）、米沢藩主上杉重定公の養嗣となる。明和四年（一七六七）、重定公の隠居により十七歳で第九代米沢藩主となる。天明五年（一七八五）家督を治広公に譲り三十五歳で隠居した。

十七歳で米沢藩主となると「受次て国のつかさの身となれば　忘るまじきは民の父母」という和歌を詠んでいる。明和元年（一七六四）八代藩主重定公が藩財政難により幕府に版籍奉還を検討、巨額の借金があり、返済に何百年かかるか不明という状況の藩主就任であった。米沢藩の知識無く、藩政改革に反対の老臣が多数いた。そんな中、猛勉強を開始して、藩政改革に着手した。藩政改革の目的は、藩民が富むために行うもの、藩主や藩士がぜいたくをするために行うのではない。藩民とは藩士、農民老若男女の区別なく藩内に住む人間すべてである。病人や年寄りを労わり、子供をよく導き、米沢の地に適した産品の振興に努め自力で財政再建を目指す「民の幸は、君の富なり」という愛と信頼を基本の愛民思想である。

鷹山公は、藩内をよく視察した。温泉場に製塩所を開き、笹野観音前の老人の彫物を笹野の一刀彫として奨励し、池や沼に鯉や鰻を飼育、領民の栄養を確保した。田にも鯉を、糞は稲の肥料にと考えた。

ある日、若い鷹山公は、家臣一人を連れて藩内を視察、途中で雨が降ってきた。老婆が慌てて外に干してある稲の取り込みをしており、家臣とともにそれを手伝った。彼女は、後日お礼に餅を持参したいと。鷹山公は断ったが、お城の北門にと。その後、彼女は餅を持参し、北門で門番に追い返されそうになっている時、偶然に手伝ったお供の侍と出会う。彼女は、そこで手伝いを受けた若い侍が殿様であることを知り、殿様と再会することになる。

鷹山公は、それを喜び、銀五枚下賜。彼女は、そのお金で足袋を作り、手紙とともに嫁いだ娘に送っている。その手紙と足袋が、米沢市内の宮坂考古館に現存している。その手紙は、カタカナで書かれているが、内容は次の通りである。

一筆申し上げ参らせ候　あれから音沙汰無く候間　達者で稼ぎおるものと思いおり候　おらえも達者でおる安心なされたく候　秋稲の散切り干ししまい　夕立がきそうで気をもん

でいたら　二人のお侍　通りかかってお手伝い受けて　刈り上げ餅上げ申す　何処へお届するかと聞いたら　お上屋敷北のご門からいうて　おるとの事　それで福で餅三十三丸めて持って行き候ところ　お侍どころかお殿様であったので　腰がぬけるばかりでたまげはて申し候　そしてご褒美に銀五枚を頂候　それで家内中と孫子残らずに足袋くれやり候　おまいの子　まつのにもやるから　お殿様より拝用物として大事に履かせられべく候　そしてまめに育てらるべく　くれぐれも願い上げ候

トウベイ　ヒデヨ

十二月六日

おかのどの

なほ申し上げ候　まつの足に合わぬ時わ　大事にしまいおかるべく候　委細正月においでの時話すべく候

鷹山公の改革協力者は、「城の中で仕事がないので、暇を貰い新田開発を申出」許可され、鷹山公自身籍田の礼をした。開墾後数年間の作物は免税にした。その後多くの藩士が、小野川のほとりをはじめ処処に散っていった。改革ムードが藩内に浸透していった。

明和四年十七歳で藩主となった年の八月一日人知れず、米沢の上杉家氏神春日神社に使いを派遣し社殿内奥深くに誓詞を奉納した。「一、学問はこれまで通り怠らず務めます。二、武術も同様にします。三、民の父母の語は家督の際、歌にも詠みましたので、このことは第一番に大事にします。四、上の者が驕らなければ、下々は危うくなく、又、民の幸せのために費用が要るが、費用をかけなくても幸せになる事業を興せば、君民共に幸せになれるという言葉は、日夜忘れないようにします。五、言行が一致しなかったり、賞罰が、不正、不順であったり、無礼のない様慎みます」。以上のことをこれから堅く守り続けます。もし怠慢することがあったら忽ち神罰を受けて、永く家運が尽きることになっても覚悟致しております。右お誓い致します。名前の下の花押に血判があった。

この誓詞は九十九年後の慶応元年に春日神社の本殿から発見された。また同年九月六日には米沢の氏神白子神社にも誓詞を奉納「藩建て直しの為に、大倹約を行って、中興したいとお誓い致します。この決断を怠る様なことがありましたら、忽ち神罰を頂きます」。この誓詞は一三四年後の明治二十四年に白子神社の神職が御殿の中で発見した。

鷹山公の改革は、自分の生活から食事は、一汁一菜。衣類は全部木綿。奥女中五十人を九人に減。藩主の服食費一千五百両を二百九両に減額、藩政改革は藩民を富ませるため藩民全員の協力が必要とし、「自助」「互助」「扶助」の三助を説いた。「藩主、藩士は民の僕」「藩民は藩政府に対し何が協力出来るか考え実行する」は、鷹山公の言い出した言葉である。

明治二十七年、内村鑑三は『代表的日本人』原題（Japan and Japanese）を発表した。「新日本建設者　西郷隆盛」「封建領主　上杉鷹山」「農民聖人　二宮尊徳」「部落教師　中江藤樹」

「仏教僧侶 日蓮上人」を紹介している。

一九六一年（昭和三十六年）一月二十日十二時五十二分、ケネディの大統領就任演説が始まった。その演説の中で、言った有名な言葉がある。

そこでアメリカ国民の皆さん、アメリカが皆さんに何をしてくれるのだろうかと問うことはやめていただきたい。反対に自分が国のために何ができるかを問うていただきたい。(And so my fellow Americans: ask not what your country can do for you ― ask what you can do for your country.)

ワシントンD・Cを出てメモリアル橋を渡った所にアーリントン国立墓地がある。そこにケネディ大統領の墓があり、その平たい墓石にこの言葉が刻まれている。ケネディの大統領就任演説は、全体がとびっきりの名文で、その中でもこの部分は名言中の名言とされアメリカ国民の心底に刻まれているのである。

ケネディが、「上杉鷹山」の名を口にして、あの名演説の下敷きに「藩民は藩政府に対し何が協力出来るか考え実行する」という鷹山公の思想が見えてくる。彼が『代表的日本人』を読んでいることは、まず間違いないだろう。

鷹山公は明治五年、上杉謙信公と共に県社上杉神社に祀られた。明治三十五年には、別格官幣社に列せられた。この時上杉神社は、祭神を謙信公のみとして鷹山公は、別祀する旨の通達があり、摂社に祀られることになった。明治六年、松岬神社《まつがさきじんじゃ》の社名が許可され、大正元年に社殿が造営されて、遷座祭が盛大に斎行され松岬神社は県社となった。大正八年、郷社春日神社を合祀、大正十二年、上杉景勝公を合祀、昭和十三年には、米沢市制五十年記念として、鷹山公の恩師や家臣等の増祀が行われた。

(『みちのくのいのり』神道講演全国協議会　平成二十九年七月一日発行)

石上神宮の思い出

昭和四十六年四月神社本庁教学研究室嘱託の辞令を頂いた。当時、石上神宮で開催される神道行法錬成講習会の担当は、調査部で小野迪夫部長、高山亨録事（現乃木神社名誉宮司）だった。

昭和五十年高山録事の乃木神社権禰宜転任に伴い、私は調査部録事になった。この年と翌年神道行法講習会事務局を担当した。この講習会は毎年七月初旬、奈良県天理市の石上神宮で開催された。東京から出張して、社務所に事務局を開き、三上良弘禰宜さん他職員全員と古参の受講生に事務を手伝ってもらった。

開校式の準備や来賓の着席位置など古参の受講生が万般にわたり、新米事務局を指導し檄を飛ばした。この時の先輩方には深く感謝している。

私は、受講生とともに毎日、朝晩の禊と夜の行法には参加した。最初は森武雄宮司さんが禊の道彦《みちひこ》（先導）を務めて指導、二、三日たって各班の班長が道彦を務めることになった。

講習会も半ば近くなったある日、奈良新聞の記者が取材に来た。薄暗い杉木立の中の禊場、幾度となくカメラの閃光が走った。

禊の次第をしっかり覚え、自信をもって道彦に立ったある班長殿は、フラッシュを浴びた途端、頭の中が真っ白になり「くにのとこたちのみこーと」というべき雄叫《おたけ》びを「あめ、あめのとこたち、もとい、くにのとこたちのみこーと」と叫んだ。参加者一同は、顔を引きつらせ、臍下丹田に力を込めて笑いを乗り越えた。

以前は講習の最後の日に、受講感想文を集めて後日印刷していたが、感想文ではなく和歌を一首以上作って事務局に出すようにと小野部長から受講生に話があった。講習も終わりに近づいた頃、集合写真の整理配布、和歌未提出者へ催促、金銭出納、閉講式の準備など多忙な時を過ごしていた。

その頃、私のとなりで古参受講生が、何人か集まり鉄筆を握りガリ版に向かって、笑いながら印刷物作成にかかっていた。

講習会最終日、閉講式も終わり直会が始まった。受講生の多くが酒を注いでくれた。ほとんどの受講生が帰り、夕闇も迫ってきたので数人の古参受講生を残して、着替えて帰ろうとした。その日中に東京まで帰り、翌日神社本庁に出勤しなければならなかった。しかし「事務局は最後まで残れ」と引き止められた。さんざん世話になった先輩方でもあるし、意志の弱さも手伝ってその盃を受けていたが、終にダウン、いつの間にか寝てしまった。

目が覚めた時、部屋は真っ暗、明かりのスイッチを求めて手探りで歩き始めた時、躓いて転んだ。先輩が真っ暗な中で一人寝ていた。明かりをつけて急いで着替え、二人でタクシーを飛ばし近鉄八木駅に向かった。名古屋駅に着いたのは夜中であったが、運よく夜行列車があって、朝東京駅に着いた。出勤には間にあった。
その後、神社本庁で受講生の和歌集を『布留の高庭』と題して印刷すべく準備を進めていたら、古参受講生が先に編集した地下出版歌集『布留のたわごと』が届いた。その傑作を二、三紹介する。

あをによし奈良のブンヤのフラッシュに常立《とこたち》の神　天《あめ》になったり国《くに》になったり
我が班長何を迷える天の常立どこの神なり
食ふて寝て居眠りこいて講習会

班長殿をはじめ故人となられた先輩方のご冥福を祈りつつ、大変お世話になった石上神宮宮司様、職員各位、美味しい食事を準備して頂いた敬神婦人会の皆様に衷心より謝意を表して筆を擱く。

（『神道行法錬成研修会開講五十周年記念誌』　神社本庁　平成十六年六月一日発行）

五　各地を訪ねて

神道教化

静岡に来て六年目を迎えた。宮司になって三年目である。今宮司として、どのような教化活動をしたらいいか、自分なりに考え実践している。その一斑を紹介してみたいと思う。

平成十四年十一月に、静岡新聞の記者が家康公のお墓の取材に来た。そして、十七日の朝刊に写真入りで、家康公の「遺体の行方めぐる謎」と題して大きく取り上げられた。

その時、お墓のことのみならず、神社の宝物のことなどを話したら、昨年（平成十五年）二月初旬のある日、宝物の一つである家康公の置時計について記事を書くように依頼があった。記事が夕刊に掲載されると、幾人かの読者から反応があった。

その後、さらに静岡新聞社の依頼により、夕刊のコラムを四月から六月の三カ月間で十三回書いた。毎回何人かの人から手紙や電話などを頂いた。

連載が終わって暫く経って、担当記者と新聞社旅行部の社員と夕食を共にした。その時私は、宮司としてより多くの市民に久能山東照宮を知ってもらい、足を運んで参拝して頂くために今後も、神社の記事を多く掲載して欲しいと要望した。そして、ことあるごとに連絡を入れると、取材記事が掲載されるようになった。

さらに新聞社側から宮司が同行して案内する旅行を企画したいという話があった。九月下旬から十月上旬に一泊二日で「久能山東照宮宮司と行く日光の旅」が実施された。静岡新聞紙上で四回募集された。結果どれも定員四十名近く集まった。

行きのバスの中では、久能山東照宮や日光東照宮について喋り捲った。翌日、午前中日光東照宮の高藤晴俊禰宜が、ユーモアたっぷりの解説を加えながら、休憩なしで二時間以上境内を案内して正式参拝をした。彼は昭和四十五年國學院大學文学部神道学科卒業の同級生でその後共に大学院神道学専攻の修士課程・博士課程まで一緒だった友人である。

帰りのバスの中では、頂いた御札の祀り方をはじめ神社や神道のことを喋り続けた。最後に皆さんと知り合いになれて大変嬉しい、久能山東照宮に参拝の折には是非声をかけて欲しいといって別れた。後日幾人かが、日光は楽しかった、宮司さんに会いに来たと言って久能山東照宮に参拝してくれた。

その後、新聞社から宮司といく伊勢神宮初詣の旅の話が来た。午前中、久能山東照宮を案内して参拝の後、私が同行して翌日神宮に参拝する旅となった。一月下旬から二月上旬にかけて三回実施された。今回は前回の式年遷宮のビデオを三本積み込み、ビデオを見てもらいながら喋った。翌日、外宮参拝、内宮御垣内参拝、神楽奉納、饗膳拝戴の後、内宮の各所を案内して帰った。

この時の参加者の約三分の一は、日光の旅に参加した人達であった。帰りのバスの中では、神宮大麻や氏神様の御札奉斎の意義など、できるだけわかりやすく話しをした。ほとんどの人が、御垣内参拝を中心にした参拝に感激して喜び、またこんな話は初めて聞いたという感想を洩らしてくれた。

ちょうどこの頃、かつて神社新報の「やまびこ」や静岡新聞夕刊「窓辺」に連載した記事などを集めて『神道の周辺』と題して小著を上梓した。旅行に参加した人の幾人かから「本買いました」、とか「読みました」という便りも届いた。

今年も秋に幾つか企画が予定されている。暫く旅を通じた教化活動に力を入れてみたいと思っている。

（山口県神道青年会会報『若楓』第四十四号　平成十六年七月十五日発行）

伊勢神宮参拝と斎宮歴史博物館・本居宣長記念館見学の旅

平成十九年一月二十九日〜三十日

はじめに

今回の静岡県文化財保存協会県外研修旅行は、伊勢神宮参拝を中心として、斎宮歴史博物館と本居宣長記念館を見学するという、盛りだくさんの中身の濃い研修旅行になった。

参加者は県内各地より渡邉新会長をはじめ会員四十二名、東部地区よりの参加者で始発の沼津駅北口は、午前五時三十分であったという。なかには出発が早朝につき沼津駅近くに前泊して参加された方もあったとか。バスは順次西の方へ、午前八時二十五分浜松西インターで最後の方が乗車、全員揃ったところで渡邉会長、続いて今回の研修旅行の添乗員静鉄観光サービス川島秀和氏、本会事務局山田三樹さん、静鉄バスのガイド山本さんのご挨拶があり、バスは一路伊勢に向かった。

今回の旅行の講師を引き受けて、まず考えたことは、特に伊勢神宮参拝については、普通一般の参拝ではなく今回の参拝でしかできない感慨深い記憶に残る旅にしたいということだった。そして斎宮歴史博物館、本居宣長記念館見学をも加えたいと思い、この三点を軸にした旅行計画を川島秀和氏にお願いした。

昨年（平成十八年）十二月初旬に、伊勢神宮の特別参拝に関する総責任者である神宮禰宜報賽部長篠原龍氏に静岡県文化財保存協会一行四十二名の神宮御垣内・御神楽奉納・饗膳について正式依頼状を出した。その後事務局の山田さんよりＦＡＸが入り、参加者配布用資料の印刷の申し出があったが、諸般の事情で十分な準備ができそうにもなく、若干のビデオテープを持参して、口頭にて解説・説明をさせて頂くことにしていた。

ところが、二十九日朝清水駅前からバスに乗ると、事務局山田さん作成の立派な旅の栞と、伊勢神宮に関する資料のコピーを頂いた。この資料は、川島氏が私の説明の参考に用意してくれたもので、早速この資料を元に神宮に関する説明ができて、有難く大いに助かった。お二人のお心遣いに深く感謝の意を表したい。

伊勢神宮

伊勢神宮は、三重県伊勢市にご鎮座の皇大神宮（内宮）と豊受大神宮（外宮）及びその付属神社である別宮・摂社・末社・所管社等合計一二五社に及ぶ神社群から成り、正式には「神宮」とのみ申し上げることになっている。

これら神社の建物は、現敷地と同じ敷地が隣に用意されていて二十年毎に交互に建て替えられて神社が移動するのである。神様が現在お住まいの建物から、新しく建てられた建物に二十年毎に引越しをされるということであり、この二十年毎の大祭を式年遷宮《しきねんせんぐう》という。来る平成二十五年秋には第六十二回の式年遷宮が執り行われることになっている。

歴史の風雪に耐え抜き、現在に生きる者に伝統の心を語りかけている文化財に対して、補修を加えつつ大事に管理保存して後世に残すことに格別の関心を持つ本会会員にとって、古い伝統と形を伝えている神宮の建物や調度までが二十年毎に新造されることに、違和感を持たれる方もあるのではないかと思う。

しかしここ神宮では、二十年毎に限りなく元の形に近い姿を再現して伝えるという文化伝承の形式に、長い歴史と伝統が刻まれているのである。掘っ立て柱に茅葺屋根の建物耐用年数や宮大工の技術の継承などその理由はいろいろ指摘されているが、二十年に一度その時々に生きる人々が、持っている最高の力を結集して、神々に最高の建物、調度、神饌を用意して衣・食・住のご加護を願ってきた伝統が、脈々と現代に受け継がれているのである。

二十年後建物は、地中にて腐食した部分などを除き、地方の神社再建材などに無駄なく使用されている。

たとえば内宮と外宮の棟持柱は、その任を終えると宇治橋の内側と外側に建つ鳥居として二十年、その後さらに二十年を鈴鹿峠麓の「関の追分」及び桑名「七里の渡」の鳥居として六十年の勤めを果たすことになっている。その後はどうなるのかという質問があったので、長年神宮に勤務された元の禰宜さんに聞いたところ前回の場合、阪神淡路大震災で被害のあったどこかの神社の一部として使われているのではということであった。

午前中予定より早く伊勢に着いたので、外宮でも御垣内参拝を受けることができた。神職のお祓いを受けて、案内に従い、外玉垣内の所定の位置で全員揃って参拝できた。神宮会館で昼食後、内宮の御垣内参拝、神楽奉納が終わって神楽殿内の貴賓室にて饗膳を受けて正式参拝を終えた。隣の部屋は新年に総理大臣が参拝される時に案内される部屋、特別に少しだけ覗かせて頂いた。

おかげ横丁

神宮参拝後、古い町並みを再現した内宮前おかげ横丁の散策へ足を運んだ。伊勢の隠れた名物はという方の要望に応えて伊勢にしかない「さめのたれ」を買いに行った。さめの切り身を薄塩で仕立てた干物である。軽く炙って頂くとご飯のオカズにも酒の肴にもいい。たくさんの方がこれを買われたが、その味は如何でしたか。魚屋「魚春」に来る途中に神宮御料酒「白鷹」の店があった。そこまでまた戻って立ち飲みで、二杯ほどご馳走になった。宿泊は鳥羽の扇芳閣、懇親夕食会の食前酒も白鷹だった。

斎宮歴史博物館

三十日、二見興玉神社を自由参拝して、明和町にある斎宮歴史博物館に行った。斎宮とは斎王の居宅、斎王は伊勢神宮に奉仕した皇女で、天皇の名代として天皇の即位ごとに未婚の内親王または女王が占いで選ばれたのである。

実在した最古の斎王は、天武天皇二年（六七三）に就任した大来皇女であり以後、後醍瑚天皇の皇女祥子内親王まで七十五代、六百五十年近く続いた。

都から伊勢まで五泊六日の斎王一行の旅は、数百人にもなる壮麗なもので、群行《ぐんこう》といわれる。この群行が斎宮の発掘調査結果や文献資料をもとに現代の映像技術を駆使して、再現が試みられている。この博物館で現代の喧騒を忘れて、少しだけ宮廷雅の世界に参加して頂いた。

本居宣長記念館

昼食は、松阪で有名な松阪牛のすき焼き。ところで松阪は、「まつざか」ではなく「まつさか」というのが正しい。ところが松坂屋は、「まつざかや」という。日本語は難しいのである。何故だなんて私に聞かれたら自分で調べることというが、本居宣長先生だったら丁寧に文献上の根拠を挙げながら教えてくれるだろう。

私はかつて大学で講義していたことがあり、その時教科書に宣長先生の『うひ山ふみ・鈴屋答問録』（岩波文庫）を使用していた。「うひ山ふみ」は学問の入門書であるが、「鈴屋答問録」は、たくさんいた弟子達の先生に対する学問上の質問とその答えを収録した本である。

問を発する弟子と答える先生では先生の方が上位にあるので「答問」となる。実際は質問の後、宣長先生の答えとなる。弟子の質問も面白く、先生の答えには、説得力がある。

午後本居宣長記念館の中で宣長先生に関する書籍がたくさん販売されていた。「どれか読んでみたい、推薦図書はどれか」との参加者の問に、思い出深いこの本を紹介しておいた。

（静岡県文化財保存協会『会報』第七十号　平成十九年三月三十一日発行）

ポーランド訪問

―ポーランドのシベリア孤児について―

今回の海外研修では、ポーランドとドイツを訪問して多くのことを学んだ。ワルシャワ旧市外復旧の話や現場の見学は、重要文化財建造物所有者の立場として、大いに興味があり、ポーランドと日本では建造物の材質が石と材木という大きな違いはあるものの、保存、修復、活用という視点から学ぶことが多くあった。また久能山東照宮博物館館長という立場からもドイツ博物館の壮大な展示法や教材としての活用の仕方など、また両国の宗教事情や政教分離政策などその成果は多くあったが、今回は、日本とポーランド交流の一端についての研修成果の一部を報告することにした。

もう四十年近くも前の話になるが國學院大學大学院生の頃、主任教授西田長男先生のもとにポーランドのワルシャワ大学日本学科教授のコタンスキ博士が大学客員として来日、『古事記』のポーランド語訳に取り組んでおられた。ある年の研究室の忘年会、コタンスキ博士から度の強いウォッカを勧められて初めて口にした。その時、日本と余り交流のなさそうなポーランドで何故『古事記』なのかという疑問を持つとともに、それ以来ポーランドという国に関心を持って今日に至っている。私にとって今回が初めてのポーランド訪問であり、ある期待をもって、この研修に参加した。

現在、ポーランドの四つの国立大学で日本学科があり、私立大学でも多く日本学科が設置されているという。特に三年前のワルシャワ大学日本学科の合格倍率は、三〇・二五倍となり、これは、ポーランドすべての大学での最高倍率となっている。また二〇〇八年の時点で、ポーランドには、六十三の日本語教育機関があり、約三千人が日本語を学んでいるという。

ポーランドは一七九五年、三国分割により、プロシア領となり、ナポレオン戦争を経て十九世紀初頭には、ロシアの支配下となってその国土を失い、一九一八年（大正七年）一二三年ぶりに独立を回復した国である。祖国を失った愛国者達は地下に潜って独立運動を展開したが、その多くは捕えられ家族もろとも、流刑の地シベリアに送られた。祖国独立を夢みて何世代ものポーランド人がシベリアでその生涯を終えた。

独立を回復した頃、シベリアには約十数万人のポーランド人がいたといわれる。祖国ポーランドを目指して帰国を試みるもロシア革命が起こり、ポーランドとソビエト・ロシアの間に戦争が勃発、唯一の帰国方法であるシベリア鉄道が使えなくなった。こうした中、ウラジヴォストーク在住ポーランド人によって「ポーランド救済委員会」が結成されて、最悪の条件下で孤児救済運動が展開された。

飢餓、伝染病など命の危機に瀕した多くのポーランド人孤児がシベリアにいた。この子供達だけでも祖国に帰して、祖国再建の礎を築こうとした救済委員会のメンバーは、あらゆる手立てを尽して、諸外国に救済を求めたが応える国は無かった。

大正九年（一九二〇）六月、救済委員会会長ビエルキエヴィッチ女史は、来日して外務省を訪問、その惨状を訴えて救助を要請した。この要請は、外務省から日本赤十字社に送られて、十七日後には、その要望にそってシベリア孤児救済を決定した。シベリア出兵中の帝国陸軍の支援を得て、シベリア各地にいた一歳から十六歳までの孤児達がウラジヴォストークに集められて、逐次軍艦で日本に移送され、その数は合計七六五名に上ったという。東京と大阪で手厚い保護を受けて、健康を取り戻した孤児たちは、その後日本船によって祖国ポーランドに送り届けられたのである。

この間の献身的な先人の保護活動の記録を読むと、目頭が熱くなるほど感動的である。腸チフスの子供の介護から感染して殉職した若い看護婦や、無料で歯の治療を申し出た歯科医師、理髪師、慰問品や寄付金を持参する人々の話である。大正時代の人々が日本人としての美しい大和心を持って、疫病や飢餓に苦しむ、見知らぬ国の人々に救援の手を差し伸べたことを、日本の誇りとし多くの人に知ってもらいたいものである。

ポーランドの人々は、祖国の再生時に受けた日本の援助に深く感謝の気持ちを持つとともに、日本の文化にも深い関心を寄せて、敬愛の情を抱き続けていることが、ポーランドの多くの大学に日本学科が設置されていることと深く関わっているように思われる。さらにコタンスキ博士のように、日本文化のルーツを求めて『古事記』にまで到達する学者があり、ワルシャワ大学の日本学科のみならず、現在ポーランドで活躍する日本研究者の多くが、博士の息の掛かった人たちということである。

平成七年一月十七日阪神・淡路大地震によって五千人以上の人々が命を失った。この大惨事の様子を遠くポーランドの人々は心配しつつ見守っていた。その夏と翌年夏の二度にわけてポーランドの有志は、大正時代、ポーランド孤児がシベリアから助けてもらった恩に報いようと、この大地震で親を亡くした小中学生三十人と二十人をポーランドに招待、三週間にわたり同国内各地で歓迎した。帰国に際してワルシャワでのお別れパーティには、四人のシベリア孤児が歩行もままならない高齢の身でありながら「シベリア孤児救済の話を聞かせたい」として集った。そして彼らは、涙ながらに震災孤児一人ひとりに、バラの花を手渡した。

平成十四年七月九日から十三日まで、天皇皇后両陛下はポーランドをご訪問された。この時大正時代に一時日本で過ごし、ポーランドに帰環したシベリア孤児三名の希望によって、両陛下と三名の面会が実現している。

大正十年四月六日、皇后陛下（貞明皇后）は日本赤十字社病院に行啓され、孤児達と親しくご接見、その頭を幾度も愛撫されながら、健やかに育つようにお言葉を賜ったという。そのことが忘れられなくて、そのお礼を申し上げたいということだったそうである。

以上のような話をポーランドに行く前に知っており、時々頼まれる講演などで紹介してきた。この話に関してより詳しい情報が得られるのではないか、と今回の在ポーランド日本国大使館訪問に期待を寄せていたのである。七月三日、在ポーランド日本国大使館で田邉隆一大使よりポーランドの現状や日本とポーランドの交流の歴史等についての多くの貴重な資料をもとに講演を拝聴した。そしてその後、お茶を頂き懇談の時間があった。

その時に、シベリア孤児と震災孤児の「お別れパーティ」写真があったら欲しいと申し出ると、側に居た一等書記官タニナイ・イチトモ氏がその写真を表紙に載せた冊子を探して来られて、「これを自由に使って下さい」と言って頂いた。この写真をよく見ると、バラ一輪を手にしている子供達が写っている。

写真の裏のページにこの写真について解説が記してあるが、残念ながらポーランド語で書かれているので読めない。そこで、ある一人の友人を思い出して彼に読んでもらうことにした。現大阪国際大学教授松井嘉和氏である。松井氏は、東京外語大学でタイ語を専攻後、國學院大學大学院で神道学を専攻、昭和四十七年四月、大学院博士課程（神道学専攻）に私と同期進学者二人の内の一人で、博士課程一年を終えて、コタンスキ博士とともにポーランドに行き、ワ

1996年（平成8年）バラの花を手にする神戸の子供たちとシベリア孤児との出会い
在ポーランド日本国大使館 提供

ルシャワ大学で二年間学んでいる。

二十年位前、私が神道政治連盟事務局長の職にある時、松井氏がポーランドの友人を神社本庁に連れてきた。紹介されて、当時神政連事務局員の何人かと夕食をともにしたことがある。そのポーランド人は、たしか私と同じ年と言っていたが、その日本語の堪能さに驚かされたことを記憶している。海部総理か誰か、日本の総理がポーランド訪問の時、通訳を務めたとも言っていた。この時、ポーランドの日本学の水準は相当高いレベルにあると思ったのである。

今回、松井嘉和氏に電話にて神政連研修でポーランドに行き、例の写真の件や田邉大使に会った話をしたら、田邉大使とは深い親交があり、大使は東京外語大学での後輩になるが、なかなかの憂国の士であると評していた。たしかに大使館での講演にその感じがあったことを思い出す。

日本政府は、大正八年（一九一九）三月二十二日、ポーランド国家とイグナツイ・バデレフスキ政府を承認し国交を樹立、以来今年は九十周年という記念すべき年に当たる。

田邉大使の話によると、シベリア孤児としては、ワルシャワにマリア・オルスウェイン氏（九四歳）が一人存命で、大使と懇談した時、「日本の人々に優しく面倒を見てもらったこと、そのお陰で人生を生きることができて日本に大変感謝している」と述べて、在日中に覚えた「もしもしかめよ」の冒頭部分を歌って聞かせたという。この人はシベリアで両親と離れて孤児となり、一人収容されて、日本からポーランドに移送された後、幸運にもワルシャワで両親と再会、その後の人生を絵画等文化財修復専門家として活躍したそうである。

ポーランド大使館で頂いた資料「日本・ポーランド関係話題集」には、以上のほかにも感動的話題が収載されているが、ここでは副題に絞ってのみ話題とした。今後とも日本とポーランド両国の交流が広がり、信頼の絆が深まることを期待したい。

（『第十七回海外研修報告書　ポーランド・ドイツ紀行』　神道政治連盟　平成二十一年十二月十五日発行）

石山寺・建部大社・三井寺等参拝 近江の旅

平成二十二年二月二十一日〜二十二日

はじめに

今回の静岡県文化財保存協会研修旅行は、滋賀県琵琶湖南岸を中心にした社寺参拝となった。旅行計画の大略が決まった後で、たまたま石山寺の住職鷲尾遍隆氏と会議で同席した。石山寺に参拝することになったので、その時ご在宅でしたらお目にかかりたいとお願いしておいた。建部大社については、事前に加藤泰朗宮司宛に正式参拝のお願いをしておいた。

今回の訪問先については、取り急ぎその歴史的背景について調べて、事務局の山田三樹さんにメールで送り、研修旅行の栞に掲載して頂き、参加者の参考に供することにした。

旅行も間近になった二月十九日、京都で全国国宝重要文化財所有者連盟（全文連）の専門委員会が開催され、その時事務局長の後藤佐雅夫氏に研修旅行日程について話をした。

後藤氏はかつて滋賀県文化財課の職員で滋賀県内文化財建造物についての専門家である。何かアドバイスを、と思ってのことだったが二十一日に後藤氏は石山寺に出向、引き続き三井寺まで、建造物について案内と解説をして頂くことになった。後藤氏は直ちに石山寺と三井寺に電話を入れ、同伴案内解説することの許可と格別の配慮をお願いされた。

石山寺

二月二十一日午後一時に、後藤佐雅夫氏と石山寺東大門前で待ち合わせした。後藤氏は、石山寺と三井寺についての資料（A４紙八枚）を参加者三十八名分用意して待っておられた。そして本堂・多宝塔他案内しつつ建物を中心に解説をして頂いた。

石山寺は、滋賀県大津市石山寺辺町にある真言宗御室派の寺院。西国三十三ヶ所観音十三番札所。山号は石光山。造東大寺司の一部石山寺所が天平宝字五年（七六一）十二月から同六年八月までに本堂（本尊塑像丈六観音）・法堂・鐘楼兼経蔵・僧房四宇・食堂・写経所・雑屋などを造り、石山寺奉写大般若経所は、同六年二月から十二月までに『大般若経』一部を書写した。これよりさき天平宝字三年（七五九）十一月、陪都北京の保良宮造営に着手し（国府所在地、石山町国分）、同五年十月、孝謙上皇行幸があった。

寺は北京鎮護の道場として、経は保良宮内裏に安置し安泰を祈るため造写されたという。寺の造営以前にあった古堂一・板葺板屋一・板倉若干が、『石山寺縁起』などに見える天平勝宝元年（七四九）良弁開基の寺にあたるかは疑問であるが、天平宝字六年（七六二）造営の本堂は、右の古堂を改築したものという。第一代座主聖宝の時、密教寺院となり信仰を集め、宇多上皇の参詣をはじめ、菅原孝標《たかすえ》の女や紫式部の参籠もみられた。境内に硅灰石の奇岩多く、厨子内の本尊も岩上に立つ。石山寺の秋月は近江八景の一つで有名である。

途中で庫裏に住職を訪ねてみた。鷲尾住職は来るのを待って居られた。東大門近くまで出迎えられて、参加者にご挨拶と石山寺について簡単な説明を頂き、記念写真に納まって頂き別れた。

建部大社

滋賀県大津市神領鎮座の旧官幣大社で近江国の一宮。主祭神日本武尊《やまとたけるのみこと》、相殿神天明玉命《あめのあかるたまのみこと》、権殿に大己貴命《おおなむちのみこと》を祀っている。

『三代実録』貞観二年（八六〇）官社に列した。同十年、従四位上。『延喜式神名帳』の名神大社に列する式内社である。例祭四月十五日。二月四日の護国祭に射的神事、八月十七日に納涼祭がある。社宝木造女神坐像、小女神坐像三軀、及び文永五年（一二六八）銘石燈籠は重要文化財に指定されている。摂社に聖神社、弓取神社、箭取神社、縁結びで有名な大野神社がある。

石山寺から瀬田の唐橋を渡り、建部大社に正式参拝をした。加藤泰朗宮司の挨拶と社殿・宝物館の案内を受けて、園城寺へと向かった。

園城寺

三井寺の名で有名なお寺であるが正式名は園城寺《おんじょうじ》という。滋賀県大津市園城寺町にある天台寺門宗の総本山。山門に対して寺門という。寺伝では大友皇子の発願にもとづき、その子大友与多麿が天武天皇十五年（六八六）に建立するところというが、これは山門に対抗するための付会説で、事実は当地に住む大友氏の氏寺として、奈良時代末頃創建されたものといわれている。貞観元年（八五九）円珍この地に来て、当寺を再興。まず唐院を建て唐より将来の経論を収蔵。同八年、大友黒主の申請により天台別院となし、別当に円珍、以下三綱を任じ、さらに同十七年円珍は、堂舎及び新羅明神社を修造、以来智証（円珍）門徒が別当を継承した。正暦四年（九九三）八月、慈覚門徒が智証派の山上の坊舎を破却するや、慶祚以下智証派門徒一千余人は下山して園城寺に拠り、ここに山門寺門両門の長い抗争史が始まる。

予定より少し遅れて園城寺の駐車場に到着、園城寺執事長福家俊彦氏がそこで待っておられた。最初に一般公開されていない光浄院客殿（国宝）に全員を案内された。園城寺長吏福家英明氏の歓迎の挨拶を頂いた後、後藤氏の詳しい解説を頂いた。その後本堂等拝観、三井の晩鐘で有名な鐘を、時間外にも関わらず特別に突かせてもらった。薄暗くなった境内を後にした。途中後藤氏と別れて宿泊地高島市の「憩いの里　湖西」に向かった。

若狭街道

若狭街道は、京都の大原から滋賀県大津市伊香立途中《いかだちとちゅう》町、花折峠、葛川谷、同県高島郡朽《くつ》木《き》村の朽木谷を経て、同郡今津町保坂へ出、ここから九里半越（今津と小浜市）へと続く街道である。古代より利用され、京都では、この道を「鯖街道」という。小浜で陸揚げされた鯖は、塩を打たれ、最短距離をつなぐこの道を通って京都に運ばれたからである。
二十二日午前中、この街道の途中にある熊川宿の伝統的建造物群を見学、お土産に芋車を買った。小型の水車で中にサトイモを入れ小川の流れで、それを回すと皮が取れ流されて、綺麗になった芋だけが残るという優れものの道具である。

向源寺十一面観音像

中世に荒廃して、木造十一面観音立像（国宝）木造大日如来坐像（重要文化財）などを安置するに足る草葺小堂となり、永く部落管理の観音堂となっていた。明治三十三年同字にある向源寺所属の飛地仏堂となり、大正十四年には本堂が新築された。木造十一面観音立像は、像高一七七センチの素地像で、髻《もとどり》（髪を頭の頂でたばねたところ）から蓮肉に至るまで一木造で、頭髪には乾漆を盛って毛筋を刻み、天冠台上方には大型の菩薩面を渦高く植えつけ、顔の両側にも各一面を付した平安時代前期の代表彫刻である。向源寺十一面観音像として知られている。ここを拝観して最後の予定地、雨森芳洲庵に向かった。

雨森芳洲

雨森芳洲《あめのもりほうしゅう》〔寛文八年（一六六八）～宝暦五年（一七五五）〕江戸時代中期の儒学者。近江国

伊香郡雨森の出身。十七〜八歳の時江戸に出て、木下順庵の門に入り、のちその推挙により元禄二年（一六八九）四月、対馬藩に仕えて文教を掌った。対馬にあっては常に韓人と応接し、通訳なしで会話することができ、韓国語の研究にも成果をあげている。新井白石とは同門の間柄であったが、交遊は円滑でなく、特に正徳元年（一七一一）の韓使来国の際の処置について、両者は全く対立した。齢八十一に達して初めて和歌の道を志し、『古今和歌集』を読むこと一千遍、自ら詠歌すること一万首を目標とし、数年ならずして両目標とも達成した。その篤実、精励の様子を知ることができる。宝暦五年（一七五五）八十八歳で没す。墓は対馬厳原長寿院にある。

おわりに

一泊二日の研修にしては、少し忙しい日程だったように思う。石山寺や園城寺などは境内も広く国宝・重文が多くあってもう少し時間を取るべきだったかも知れない。

石山寺鷲尾遍隆住職、建部大社加藤泰朗宮司、園城寺福家英明長吏等各社寺最高責任者の面談と後藤佐雅夫氏の案内解説を頂けたことは、大変有難いことで各位のご厚意に深く感謝して筆を擱く。

（静岡県文化財保存協会『会報』第七十三号　平成二十二年三月三十一日発行）

秋の姫路・奈良を訪ねて

―円教寺・姫路城と正倉院・東大寺―

平成二十三年十一月七日～九日

はじめに

今回の静岡県文化財保存協会主催県外研修会は、兵庫県と奈良県に学びの場を求めての旅であった。十一月七日朝、静岡駅前からバスに乗ると、事務局山田三樹さん作成の立派な旅の栞を頂いた。この栞を参考に説明ができて、大いに助かった。まずは山田さんの周到な準備と心遣いに深く感謝の意を表したいと思う。

参加者総勢二十一名の小団体旅行となるが、研修旅行としては丁度いい位の人数であった。講師を引き受けて、まず考えたことは、特に円教寺と東大寺参拝については、今回の参拝でしかできない感慨深い記憶に残る旅にしたいということ。

円教寺住職大樹行啓氏及び東大寺執事長狭川普文氏には、事前に研修旅行の概要を説明し、各寺の説明・案内をお願いしておいた。両氏とも、全国国宝重要文化財所有者連盟の副理事長の職にあり、文化財所有者の代表として保護活動に勤しむ同志、親交深き方々である。

柳田國男生家へ

バスは、東名・湾岸・東名神・名神・中国と高速道を走り、日本民俗学の父と呼ばれる柳田國男の生家へ。場所は兵庫県神崎郡福崎町西田原。山田三樹さんが、事前にお願いしていたボランティア・ガイドの案内により、柳田國男自身が「日本一小さい家」と表現するその生家へ。その隣に柳田國男・松岡家記念館があるが、当日は残念ながら、月曜日につき休館日であった。生家から近くの氏神様鈴森神社へ。柳田國男が跨って遊んだという狛犬や、食べたというヤマモモの樹が現在も当時の位置にある。

そこから少し歩いて、柳田が十一歳の時、親元から離れ預けられた父の友人の三木家へ。豪家三木家には、たくさんの蔵書があって、これを自由に読むことが許され、この耽読が、後の学問の源流となったようである。

柳田國男は、明治八年に兵庫県神東郡田原村辻川で、医者であった父、松岡操と母たけとの間の男八人兄弟の六男として生まれた。内三人は早世したが、五人兄弟すべて秀才で、その名が世間に知られる人ばかりである。

因みに長男松岡鼎、三男井上通泰、六男柳田國男、七男松岡静雄、八男松岡映丘である。

◎初日の宿泊

初日の日程を終えて宿泊は、兵庫県姫路市夢咲町前之庄にある播州塩田温泉郷・姫路ゆめさき川温泉郷「夢之井」へ。

姫路の巨刹円教寺

姫路市書写山上に建つ、天台の巨刹円教寺に向かって午前八時、ホテルを出発、山下のロープウェイ乗場へ、七十人乗りの巨大ゴンドラで四分、そこからマイクロバスに乗り込み、本堂摩尼殿へ向かった。

円教寺は、天台宗の寺である。比叡山延暦寺も天台宗であるが、延暦寺の最高位の住職を座主というが、ここ円教寺の最高位の住職を長吏という。先年研修で訪問した琵琶湖のほとり、通称三井寺、すなわち園城寺も天台宗で、ここも最高位住職を長吏という。

摩尼殿では、円教寺長吏大樹孝啓住職の出迎えを受け、円教寺の案内・説明を受けた。山上の境内は広く、大講堂、食堂、常行堂、護法堂、護法堂拝殿、壽量院等々、重要文化財指定の建物が点在しており、参拝者の移動には、マイクロバスが、円教寺の職員は、軽トラを使って、移動している。

摩尼殿から離れた、常行堂にも大樹住職は移動して来られて、普段は見ることのできない所を開けて頂き説明を受けた。説明が終わると、住職は私に「今、修理中の建物の一角に、嘗て徳川家康公を祀り供養していた形跡がある。修理が終わると、そこに元のように家康公を勧請して、供養したいので、相談にのって欲しい」との話があった。

八十代半ば過ぎの住職は、矍鑠《かくしゃく》として、住職の勤めを果たしておられる。

ここ円教寺は、トム・クルーズ主演の映画「ラストサムライ」のロケ地となったことでも有名である。

国宝姫路城

円教寺を後に、昼食は姫路市内の酒蔵、灘菊酒造にて、少しだけ灘の名酒の味見をして、次の予定地、姫路城に向かった。

姫路城は、現在、平成の大修理の真っ最中である。昭和の大修理から約五十年経過、城の壁面、屋根瓦の全面的修復工事のために、城がすっぽり入る素屋根が掛けられている。大きさは、東西約四十五メートル・南北約四十六メートル、備前丸からの高さ約五十三メートルで、十三階建てビルに相当する高さという。

本工事の設計施工は、東京の公益財団法人文化財建造物保存技術協会が担当している。私は、同協会の評議員会で工事の概要について、説明は受けていたが、現場見学は初めてであった。パワーポイントを使って、特設エレベーターや、素屋根内部に大天主修理見学施設「天空の白鷺」が設けられていることは知っていたが、実際足を運んでみると、その壮大さに圧倒されたのである。

ここも、山田さんが、事前に姫路市城周辺整備室（姫路城改修担当）主任小林正治氏に案内・説明の依頼済みで、城の入口で氏の出迎えを受けた。

城内の各部屋の説明を受けたあと、今回の修理のために特設されたエレベーターに乗って、八階まで登り、「天空の白鷺」へ。姫路城の屋根が真横に見える位置であり、壁面の懸魚等の装飾や播磨地方の景観も、この修理期間でしか見ることのできない空間からの、修理現場の視察となった。

姫路城では、修理現場を多くの市民に見てもらい、文化財の保存・継承に理解を深めてもらう目的をもって、「天空の白鷺」が特設されているのである。

◎二泊目の宿へ

姫路城を後にして、バスは一路、大和路へ。奈良市東寺林町の古市旅館へ。二階鶴・千鳥の間にて、総勢二十一名の小宴会を以て夕食、夕食後、私の部屋で有志のみの二次会、静岡から持参の酒と部屋の冷蔵庫内の酒類でそれなりの盛り上がりがあって、その日の内に解散、就寝。

第六十三回正倉院展

今回の研修のメインの一つが、この正倉院展の見学であった。今年は、北倉七件、中倉二十六件、南倉二十六件、聖語蔵三件の総計六十二件の宝物が出陳されていた。

紙数の都合で、一点だけ簡単に紹介する。これらの中で、特に私の関心を惹いたのは、黄熟香であった。長さ一五六センチ・重さ十一・六キロもあるという大きな香木で、正倉院宝物の中でも、特別扱いを受けているものである。別名「蘭奢待」ともよばれ、この文字の中に東大寺の文字が隠されている。
また足利義政、織田信長がこの一部を拝領、明治天皇も截香されたことが知られている。沈香または、その最高級の伽羅ともいわれているが、その材質は特定されるに至っていない。
この香木をここで取り上げたのは、私が館長を務める久能山東照宮博物館にも、香木伽羅が二材収蔵されているからである。大五一・二センチ、小四二・八センチで、正倉院のそれには及ばないが、「徳川家康関係資料」の一件として、重要文化財に指定されている。

東大寺参拝

午前中、正倉院展の見学後、若草山前で昼食、最後の参拝予定の東大寺へ。執事長の狭川普文氏が、急用のため案内できないということで、代理の御子息に受付口で出迎え頂き、木造建築では、世界最大の金堂へご案内頂いた。中には、「奈良の大仏さん」と親しまれている盧舎《るしゃ》那仏《なぶつ》が安置されている。狭川氏の案内で、靴を脱ぎスリッパに履き替えて、一般拝観者は入れない場所へ。大仏さんの座って居られる蓮弁を手で触りながら、案内を受けて、内容の濃い県外研修を修了、静岡への帰途についた。

（静岡県文化財保存協会『会報』第七十五号　平成二十四年三月三十一日発行）

錦秋の東北紀行

―大船戸の虎舞再会と国宝瑞巌寺―

平成二十四年十月二十七日〜三十日

はじめに

今回は、岩手県大船戸の虎舞再会と国宝瑞巌寺参拝を中心とする企画で、バスによる三泊四日の研修旅行となった。

平成二十三年三月十一日、東日本大震災で被災されて僅か八カ月後の十一月二十三日に、静岡県伊東市で開催された第十六回静岡県民俗芸能フェスティバルに、岩手県大船渡市の無形民俗文化財に指定されている虎舞を招致、披露して頂いた。静岡県文化財保存協会では、被災地を激励しようと招待を決め、大船戸の虎舞二団体は、貴重な装束や道具を津波で流されながらも、元気な三陸魂を披露したいと遠路、参加されたのであった。

その御縁により、大船戸の熊野神社大祭での虎舞を現地で拝観、交流を深めることと、世界遺産の岩手県平泉の毛越寺《もうつじ》、中尊寺、そして宮城県松島町の国宝瑞巌寺参拝及び本堂修理現場拝観さらに、宮城県仙台市の仙台東照宮を参拝する旅となった。

十月二十七日、八時四十五分、富士川サービスエリアで、参加者全員三十八名が揃って、一路東北に向かって出発、途中の休憩を挟みながら、岩手県奥州市の初日の国民宿舎サンホテル衣川荘に着いたのは、日も暮れた午後五時半近くであった。

大船渡虎舞

二十八日午前九時五十分大船渡市末崎町中森熊野神社式年大祭の神賑行事として虎舞が執り行われる御旅所、門之浜漁港に到着、門中組虎舞事務局長新沼敏雄氏らの出迎えを受けて、虎舞を拝観した。

碁石組、山根組、三十刈組、西舘組に続いて、五番目に門中組の披露があり、その後に復興絆組、梅神組と続いた。門中組が終わると記念写真を撮るなど、旧交を温めて再会を喜び合った。

熊野神社には、多数の宝物があり、その中の一つに獅子頭があって、祭典にはこれをもって獅子舞（虎舞）を奉納すれば、悪魔を祓い、五穀豊穣、浜は大漁間違いなしの霊験があったという。この獅子舞をのちに「虎舞」というようになり、各組によって流儀の違いがあるようだ。

門中組虎舞は、明治時代になって、佐々木寅五郎によって現在の流儀が出来上がったと伝えている。その構成は、「1　道中囃子」「2　地踊り」「3　腰のり」「4　首のり（首踊り・首舞い）」「5　さがりは（下り囃子）」となっている。

特に、首のりは、獲物に追い迫り、狂った虎が岩山に突っ立ち上り、身の危険をも顧みず狂乱する態を演ずるもので、虎舞の中核をなし、手に汗握る迫力のある舞である。

世界遺産平泉

平成二十三年六月、平泉の文化遺産が世界遺産に登録された。遺産名は、「平泉―仏国土（浄土）を表す建築・庭園及び考古学的遺跡群―」で、中尊寺、毛越寺、観自在王院跡、無量光院跡、金鶏山がその構成遺産となっている。平泉では、仏教のなかでも浄土思想を基調に造られた多様な寺院、庭園遺跡が残っており、この世に浄土を創り出そうと試みたもので、外国の影響を受けつつも日本独自の仏教文化を展開している。

毛越寺

十一時十分、虎舞会場の門之浜漁港を後にして、一時半に毛越寺に着いた。岩手県平泉町大字大沢にある天台宗別格本山である。中尊寺と同じく嘉祥三年（八五〇）慈覚大師円仁によって開山された。寺名「もうつじ」は、「もうおつ」の訛音で、地名毛越「けごし」の音読で「もうつうじ」ともいう。昭和二十七年、特別史跡、昭和三十四年には、特別名勝に指定され二重の指定を受けている。庭園は、代表的浄土庭園として有名で、金堂参拝の後、庭園内の大泉が池を一周して、平泉中尊寺に向かった。

中尊寺

毛越寺から、十分たらず、午後二時半、中尊寺に着いた。小雨の降る中の参拝となった。岩手県平泉町衣関にあるこの寺は、山号を開山《かいざん》といい、十七院より構成される天台宗東北総本山である。平安時代末期に藤原清衡によって創建され、毛越寺同様、嘉祥三年（八五〇）慈覚大師円仁によって開山された。境内は特別史跡に指定されている。

国宝金色堂の須弥檀の中には、初代清衡、二代基衡、三代秀衡の遺体と四代泰衡の首級が収められており、小雨の中ではあったが、多くの参拝者で賑わっていた。旧覆堂、讃衡蔵、阿弥陀堂、峯薬師堂、本堂等を参拝して、平泉町営中尊寺第二駐車場に到着、午後四時出発、二日目の泊地、宮城県宮城郡松島町松島海岸にある「ホテル松島大観荘」に午後六時到着した。

瑞巌寺

三日目は、瑞巌寺の参拝から始まった。正式名称は、松島青龍山瑞巌円福禅寺で臨済宗妙心寺派の寺である。執事長星松岳氏の出迎えを受けて、国宝の庫裡および大書院に案内された。星執事長は、全国国宝重要文化財所有者連盟の理事同士という関係で、現在、平成の大修理中で一般には非公開となっている本堂の修理の様子を特別拝観させて頂くことができた。

本来は本堂に安置されている御本尊、大位碑、三代開山木像が大書院で特別公開中であった。三代開山の一人洞水東初《どうすいとうしょ》和尚（慶長十年・一六〇五〜寛文十一年・一六七一）は、私の生地宮崎県の出身である。江戸時代の初期、日向国飫肥（宮崎県日南市）出身のこの僧は、大坂、江戸を経て、仙台で虎哉《こさい》に、次いで雲居に参じ、雲居の下十五名の領袖となり瑞巌寺百世となって、領内に十二ヶ寺を開創したという。四百年前に日向国から東北まで足を運び活躍した僧がいた。

修理中の本堂については、設計監理責任者の（公財）文化財建造物保存技術協会の現場責任者のご配慮により特別に足場に上がって、案内と解説をして頂いた。本堂北側の足場から、普段は見ることのできない野垂木解体後の小屋組状況を見学することができた。その後、隣接する圓通院に参拝して昼食、仙台東照宮に向かった。

仙台東照宮

午後二時仙台東照宮に到着、東照宮連合会で親交のある高崎恒晴宮司の出迎えを受けた。拝殿で正式参拝の後、宮司の説明を聞き、社務所に案内されて、名物のずんだ餅とお茶を頂いた。天正十九年（一五九一）徳川家康公が葛西大崎一揆の視察を終えて帰途のおり、この地で休憩され、御祭神ゆかりの地として鎮座地に選ばれたという。因みにここは、宮城県仙台市青葉区東照宮一―六―一である。すぐ近くにJR仙山線東照宮駅もある。

この縁ある地に、仙台藩二代藩主伊達忠宗公が三代将軍徳川家光公の許しを得て、当社を勧請した。社殿は、慶安二年（一六四九）着工、承応三年（一六五四）に竣工している。

明治十二年郷社、大正四年県社、昭和二十八年、本殿、唐門等が重要文化財に指定された。

午後三時四十分、仙台東照宮を後にして、最後の泊地、秋保《あきう》温泉《おんせん》で有名な仙台市太白区秋保町湯元のホテルニュー水戸屋に向かった。四日の朝秋保温泉を出発、一路静岡に向かって帰路についた。

（静岡県文化財保存協会『会報』第七十六号　平成二十五年三月三十一日発行）

房総の考古浪漫と家康公の洋時計

―そのルーツをたどって―

平成二十五年十一月六日～八日

はじめに

今回の静岡県文化財保存協会県外研修は、錦秋の千葉・茨城の東関東を舞台に二泊三日で、実施された。参加者は、総勢二十一名のバスの旅となった。

十一月六日午前七時、JR掛川駅を出発、八時五分JR静岡駅・九時五分新東名駿河湾沼津・九時二十分JR沼津駅に寄って、バスは東名高速・首都高速・東関東自動車道に乗って午後、千葉市立加曽利貝塚博物館、佐倉市内国立歴史民俗博物館・千葉県印旛郡栄町県立房総のむら・風土記の丘資料館を見学して最初の宿泊地成田市内成田ビューホテルに到着した。

七日午前八時二十五分ホテル出発、千葉県山武郡芝山町立芝山古墳・はにわ博物館、香取市内登録博物館伊能忠敬記念館、香取神宮正式参拝後参道脇にて昼食、茨城県鹿嶋市鎮座鹿島神宮に正式参拝、当初予定の犬吠崎灯台は、時間の都合上割愛して二日目の宿泊地千葉県勝浦市勝浦ホテル三日月に到着した。

八日午前八時半、ホテル出発、千葉県夷隅郡御宿町役場訪問、石田義廣町長と面談後、町長の案内で月の沙漠記念館、サン・フランシスコ号漂着の岩和田海岸、日西墨三国交通発祥記念碑（メキシコ記念塔）、岩瀬酒造を訪問して御宿町内で昼食、東京アクアラインで東京湾を横断して一路、静岡に向かい無事所期の目的を達することができた。

いつものことながら、事務局山田三樹さんの周到な手作り研修資料は、A４判二十ページにも及び、充実した研修旅行に重要な役割を果たすことになった。

加曽利貝塚博物館

昭和四十一年十一月、加曽利貝塚と遺跡博物館が一体となって、千葉市立加曽利貝塚博物館は開館した。学芸員森本剛氏の案内で、専門的な解説を聞きながら実物の貝塚を見学することができた。

縄文時代を代表する遺跡として国の史跡に指定されている加曽利貝塚は、一三四、五〇〇㎡が保存・公開されている。貝塚からは、貝殻の他に動物の骨、埋葬された人骨、様々な道具、装飾品などが見つかっており、当時の生活を知るための多くの情報が眠っている。

学芸員の説明の中で、特に記憶に残ることは、貝塚の貝殻の八～九割が長さ一センチから二センチ位のイボキサゴという巻貝で、貝そのものを食べるというよりスープのダシ取りに使ったのではないかという話だった。千葉県在住の縄文人は、かなりのグルメだったようた。
また発見されている多くの鏃は黒曜石で、伊豆神津島産であるとのこと。海上交通も想像以上に発達していた可能性を示唆する興味深い話であった。

国立歴史民俗博物館

昭和五十八年に開館したこの博物館は「歴博」の愛称で親しまれている。「考古、歴史、民俗」の三分野を総合的に研究・展示している国内唯一の歴史系国立博物館である。一階と地階に展示室があり、一階には、第一展示室（原始・古代）・第二展示室（中世）・第三展示室（近世）、地階に第四展示室（民俗）・第五展示室（近代）・第六展示室（現代）及び企画展示室A・Bがある。他に図書室、ビデオボックス、ミュージアム・ショップ、レストランなども充実しており一日がかりでゆっくり見学したい博物館である。ざっと一回りするのに一時間半から二時間位はかかる。来館当日に限り再入場ができる。

ここに到着したのが午後二時、約五十分の滞在で、再度ゆっくり足を運びたいと思いつつ、次の予定地「房総のむら」に向かった。

◎体験博物館・千葉県立房総のむら

千葉県立房総のむらは、昭和六十一年、房総地方に伝わる伝統的生活様式や技術を来館者が直接体験できる体験博物館として、また県内各地の遺物や農家などの展示を通じてその歴史を学び、将来に継承することを目的に開館した。

平成十六年には、併設していた千葉県立房総風土記の丘と統合して、現在に至っている。したがって、ふるさとの技術体験エリアと歴史と自然を学ぶ風土記の丘エリアとがある。

体験博物館というだけに、当日受付の体験、事前予約が必要な体験、団体向けの体験などを楽しむことができる。「体験の数だけ発見・感動がある」として、「原始・古代人の技とこころを知る」「自然に親しむ」「昔のくらしを見つめる」「大地と語りあう」「匠の技に触れる」「ものづくりを楽しむ」「懐かしい味との出会い」のコースが用意されている。

芝山町立芝山古墳・はにわ博物館

二日目、八日午前八時半ホテル発、最初の訪問地である。ここ芝山町は、かつての武射の国の中心地で五百基を超す古墳が造られていた。芝山公園の一角にあるこの博物館は、古墳時代という日本史上の一時代に絞った展示を中心に房総の古墳と埴輪についての研究をすすめる専門博物館である。博物館内の柱に古墳について次のように書かれていた。

古墳は、名前の示すとおり古い墳墓という意味ですが、正確には3世紀の中頃から7世紀までの古墳時代の首長などの支配層や有力家族のお墓しか古墳とは呼びません。古墳は、単に死んだ人を埋葬するお墓というだけでなく古墳時代を象徴する政治的・社会的記念物

「モニュメント」なのです。

登録博物館伊能忠敬記念館

五十歳を過ぎてから、日本全国を測量して歩き、わが国最初の実測日本地図「大日本沿海輿地全図」(伊能図)を作製した伊能忠敬の記念館である。伊能忠敬関係資料として地図絵図類七八七点・文書記録類五六九点・書状類三九八点・典籍類五二八点・器具類六十三点の合計二、三四五点が平成二十二年六月二十九日付で国宝に指定されている。

香取神宮

記念館見学後香取神宮に移動、神職の案内により拝殿で全員揃って正式参拝を行った。香取神宮は、神武天皇御代十八年の創建と伝えられている。御祭神は経津主大神《ふつぬしのおおかみ》又の御名を伊波比主命《いわいぬしのみこと》という。『日本書紀』の国譲り神話に登場する神である。旧官幣大社で例祭には、天皇陛下のお使いである勅使が参向する勅祭社である。桧皮葺きの社殿は本殿・中殿・拝殿が一体となる権現造りで、五代将軍徳川綱吉公の造営によるもの、国の重要文化財に指定されている。葺替えが終わったばかりの社殿の屋根と、黒漆塗り社殿の美しい姿を後に、鹿島神宮へと移動した。

鹿島神宮

鹿島神宮は、神武天皇即位元年の創建と伝えられる古社で、御祭神は、天孫降臨時に活躍された武甕槌神《たけみかづちのかみ》と香取神宮の御祭神でもある経津主神である。こちらも香取神宮同様旧官幣大社で例祭には、天皇陛下のお使いである勅使が参向する勅祭社である。常陸国一の宮で全国の鹿島神社の総本宮である。社殿は、元和五年（一六一九）二代将軍徳川秀忠公の造営によるもので、本殿は、石の間、幣殿、拝殿、仮殿から構成されて、国の重要文化財に指定されている。

鹿島神宮に到着すると東俊《とう》二郎権宮司の出迎えを受けて、正式参拝を済ませ、権宮司の案内で現在修復中の社殿を見学することができた。社殿の側面に組まれた足場に登り、修復中社殿の屋根や軒廻りなど間近にする貴重な体験であった。

また鹿島神宮は、境内の要石が有名で、こちらも小雨の降る中、天然記念物鹿島神宮樹叢の中を通り東権宮司に案内して頂いた。要石は、鹿島神宮の七不思議の一として知られ、俗に地震を起こす鯰の頭を押さえている石として知られている。古来「山の宮」「御座石」などの別名を持ち、掘っても掘りきれない石といわれている。

最後に宝物館で、国宝の日本最古最大の直刀を拝観して、二日目の宿泊地千葉県勝浦市勝浦ホテル三日月に向かった。

御宿町

出発の数日前に、予てより親交のある御宿町町長石田義廣氏に電話を入れたところ、十一月八日は、長野に出張の予定で残念ながら会えないので、役場職員に対応を頼んでおくのでよろしくとのことであった。その後、十一月六日、東名高速を走っていると、町長から携帯に連絡があり、出張の予定を変更して、会うことにしたので、待っているとのことであった。

八日朝、役場に着くと、石田町長ほか数名の職員の出迎えを受けて、会議室に案内され、石田町長の挨拶と御宿町の概要説明を聞き、役場玄関前で石田町長を囲んで記念写真を撮った。

岩和田海岸と日西墨交通発祥記念之碑

その後、石田町長の案内で、慶長十四年（一六〇九）スペインのガレオン船サン・フランシスコ号が漂着した岩和田海岸及びその近くの丘にある日西墨三国交通発祥記念碑に行った。この碑は、昭和三年に、建てられている。

ここは、普通は大型バスが入れないので、坂道を徒歩で登ることになるが、石田町長の発案で、大型バスをバックで登らせて、記念碑のすぐ近くまでバスで行くことができた。道幅はあるが、記念碑近くでバスの方向転換ができるスペースが無いので、この方法を取ったとのことであった。

岩瀬酒造

それから、サン・フランシスコ号の帆柱であった木材を天井の梁に使っているという岩瀬酒造の母屋を見学に行った。町長の同行もあって、岩瀬酒造では、手作りの漬物付の各酒の試飲の用意があり、母屋見学後楽しい酒の試飲会となった。

月の沙漠記念館

その後、御宿海岸にある月の沙漠記念館を見学した。童謡「月の沙漠」の作詞者は、静岡県藤枝市出身の詩人加藤まさを。この詩は、御宿海岸で作られるとともに、加藤は晩年をこの地で過ごしたのである。記念館の前方海岸には、ラクダに乗った王子さまとお姫さまのブロンズ像が建っている。これも、藤枝市出身の彫刻家竹田京一の作品である。

おわりに

二泊三日の旅にしては、内容が多すぎた感を否めないが、概して昼夜とも充実した楽しい研修旅行になったのではないかと思っている。

加曽利貝塚博物館学芸員森本剛氏、鹿島神宮東俊二郎権宮司、御宿町石田義廣町長と役場職員の方々、岩瀬酒造岩瀬能和社長には大変お世話になり、感謝の意を表して、筆を擱く。

（静岡県文化財保存協会『会報』第七十七号　平成二十六年三月三十一日発行）

六　宮司として

宮司としての一年

はじめに

平成十九年七月一日以降、平成二十年年六月末まで、手帳や社務日誌などを参考にしながら、満六十歳を迎えた宮司としての一年を、振り返ってみたいと思う。

宮司としての勤めの第一は、祭祀の厳修にあることは、いうまでもないこと。二月、四月、十月の各十七日、及び十一月二十三日に斎行の四度の大祭をはじめ、元旦の歳旦祭、毎月一日の月始祭、大祭以外の各月十七日の月次祭、毎月二十六日の月次誕辰祭（十二月は誕辰祭）や六月、十二月晦日の大祓等年間の恒例祭祀、神事等の厳修に努めてきた。

祭祀の厳修以外にも宮司として、多様な職務があるが、大祭は当然のこと、小祭であっても、極力祭典奉仕を優先するように心掛けてきたし、今後もその積もりで奉職していきたいと思っている。

祭祀の厳修に次いで、重要な任務に、御祭神の神徳宣揚という仕事がある。神社に参拝して頂く方々に、社頭での案内も可能な限り勤め、建物に残された彫刻や絵画などに込められた家康公からの伝言を語る努力をしている。

また境内の植物等にも関心を持って、知識を深めつつその保護育成にも気を配っている。シャガ・ヤブランや山百合などが自生して、参拝者の目を楽しませている。

講演など、主に境内の外に出て

平成十九年七月七日夕刻、久能山東照宮神輿会と片山商工会主催の「七夕の夕べ」が、片山廃寺跡で開催され、そこに集る子供たちに「七夕」に纏わる話をして欲しいと要請されて、約二十分話をした。芝生の上に浴衣姿で腰を下した子供たちは、意外に真剣に話を聞いてくれた。ちゃんとお話を聞いた子供たちには、お菓子が配られていたが、そのせいだったかもしれない。子供の参加者約五十名。

七月二十五日夕刻、蒲原ライオンズクラブ例会にて「大御所四百年と家康公」の題で講演、受講者三十名。

七月二十六日夕刻、南部公民館にて「第三回久能山講座」を開催、「江戸時代の久能山東照宮」について講演。受講者六十名。

七月二十八日午前、社務所にて、漆を科学する会会員五十名に「久能山東照宮の彫刻と絵模様」について講演。夕刻、清水区内で、清水一献会二十名に「久能寺縁起の世界」について講演。終了後懇親会に出席。

八月二日午前、社務所にて、常葉学園教職員六十八名に対して「久能山東照宮の歴史」について講演、その後境内案内。

八月九日夕刻、三和建設株式会社で講演。「大御所四百年と家康公」受講者一五〇名。

八月二十五日午後、駿府博物館にて講演。「家康公の遺したもの」会員受講者約一〇〇名。

八月三十日夕刻、袖師公民館高齢者教室にて「いきいき生きるために」と題して講演。受講者約一〇〇名。

九月十九日、午後静岡新聞社にて、大御所四百年記念新聞紙上座談会に出席、十月五日朝刊、二ページに亘りカラー版にて掲載された。

九月二十二日夕刻、折戸公民館にて講演。「大御所四百年と東照宮」受講者約一〇〇名。

九月二十七日夕刻、南部公民館にて「第四回久能山講座」を開催、「明治以降の久能山東照宮」について講演。受講者六十名。

十月四日午前十一時より十五分、SBSラジオ番組生放送に出演。「家康公の時計」について解説。

十月五日午後八時より四十五分間、NHK静岡テレビ番組「フジヤマTV　家康特集・第二弾」に生出演。家康公に関する紹介と関連クイズ番組。

十月十日午後、浮月楼にて「徳川家康公入府四〇〇年・家康公の伝えたかった事」と題して講演。市内飲食店関係組合員約一〇〇名が受講。

十月二十日午後、静岡新聞社カルチャーセンター、SBS学苑にて神道入門講座を開始。毎月一回を土曜日の午後を原則に十二回開催することになった。受講参加者三十四名。ＳＢＳ学苑神道入門講座一「神道の歴史一」。

　十月二十七日午後、駿府公園巽櫓内にて、石州流高林会主催講演会にて「大御所四百年と家康公」と題して講演。受講者約一五〇名。

　十一月十日午前、南部公民館久能山講座（全四回）受講修了者に対して、社務所にて「久能山東照宮について」講演と境内案内。受講者約四十名。

　十一月十四日午前、清水寿大学にて講演「大御所四百年と家康公」。受講者二四五名。

　十一月十八日午後、社務所で石州流華道高林会石州忌・免状授与式開催、「文学の舞台になった久能山」と題して講演。受講者六十名。

　十二月一日午後、ＳＢＳ学苑神道入門講座二「神道の歴史二」受講参加者三十一名。

　十二月十日・十一日　静岡市内ボランティア・ガイドの会「駿府ウエイブ」会員研修につき、仙波東照宮、世良田東照宮、日光東照宮参拝旅行に同行。バスの中で関連の講話実施。参加者十五名。

　十二月二十二日午後、ＳＢＳ学苑神道入門講座三「神道概説一」受講者三十一名。

平成二十年
　一月十六日夕刻、清水区不二見公民館にて「大御所四百年と久能山東照宮」と題して講演。受講者五十名。

一月十九日午後、ＳＢＳ学苑神道入門講座四「神道概説二」受講者三十一名。

一月二十二日午後、市内のホテルセンチュリーにて県遺族会六十周年記念大会で「大御所四百年と家康公」と題して講演。受講者二〇〇名。

一月二十七日・二十八日　静岡市内駿府歴史楽会員十九名を伊勢神宮正式参拝の旅に同行。バスの中で関連の講話実施。

二月十日午後、市内静銀ホールにて「家康公と駿府城」と題するシンポジウムが開催されて、徳川御宗家の基調講演の後、シンポジウムにパネリストの一人として参加。受講者四〇〇名。

二月十五日終日、県神社庁主催初任神職研修にて「神社実務」を講義。受講者二十三名。

二月二十三日午後、ＳＢＳ学苑神道入門講座五「年中行事に見る神道一」受講者三十一名。

二月二十六日午後、引佐研修センターにて引佐支部神社関係者大会記念講演「大御所四百年と家康公」受講者二五〇名。

三月一日夕刻、草薙神社にて「歴史に学ぶ会」講義「神道の歴史一」受講者三十名。

三月六日夕刻、久能山下の富久屋で「久能山東照宮について」講演。受講者十五名。

三月八日夕刻、清水区内にて、清水一献会二十名に「文学の舞台としての久能山」講演。

三月十日午前、静岡支部神社関係者大会（於グランシップ）にて、神宮式年遷宮関連行事御木曳行事について、ＤＶＤ鑑賞のための事前解説を実施。受講者三〇〇名。

三月十二日午後、東海地区女子神職会（於日本平ホテル）にて、「先祖の祭り―日本人の死生観―」と題して講演。受講者五十八名。

三月十五日午後、ＳＢＳ学苑神道入門講座六「年中行事に見る神道二」受講者三十一名。

三月二十二日終日、和歌山県神社庁にて教化委員会主催研修にて「神職としてのあるべき姿」と題して講演。その後分科会にも助言者として参加。受講者六十名。

四月二十二日夕刻、静岡市商工会議所にてトレンド研究会で講演、「家康公と駿府」。受講者十八名。

四月二十六日午後、ＳＢＳ学苑神道入門講座七「祭りの構造と神道信仰一」受講者三十一名。

夕刻、草薙神社にて「歴史に学ぶ会」講義「神道の歴史二」受講者三十名。

五月六日午後、久能山下の石橋旅館で、久能学区各種団体懇親会講演。「久能山の歴史」受講者四十名。

五月八日午後、浜松にて浜松城再建の会で講演。「家康公と浜松」受講者二十名。

五月十五日夕刻、県冷凍空調協会にて「家康公に学ぶ」と題して講演。受講者五十名。

五月十七日午後、ＳＢＳ学苑神道入門講座八「祭りの構造と神道信仰二」受講者三十一名。

夕刻、草薙神社にて歴史に学ぶ会講義「神道概説一」受講者三十名。

五月二十六日夕刻、葵ライオンズ文化部「家康公に学ぶ」と題して講演。受講者十九名。

五月三十日夕刻、静岡法人会にて「家康公に学ぶ」と題して講演。受講者六十名。

六月五日午後、山口県神社庁で講演。「神職として考えること」受講者二〇〇名。

六月二十一日夕刻、草薙神社にて歴史に学ぶ会講義「神道概説二」受講者三十名。

六月二十八日午後、ＳＢＳ学苑神道入門講座九「祭の構造と神道信仰三」受講者三十一名。

この一年間に、延べ人数にして三五〇〇名以上の人々に、御祭神家康公の御神徳や神道について語ったことになる。今後とも常に、より深く、学ぶことを心掛けて、御祭神家康公の御神徳の宣揚に、神社神道の発展のために努めていきたいと思っている。

全文連の活動を通じて

平成十九年五月二十三日、京都で開催された社団法人全国国宝重要文化財所有者連盟の役員会で、理事長に選任された。国宝、重要文化財に指定された建造物は、全国に約四二〇〇棟あるといわれている。特に文化財建造物の保存と活用を目的に活動する団体である。その代表者という重責を負うことになり、今までにない新たな任務に邁進した一年となった。

六月と十二月、一年に二度、東京で総会を開催し、翌日参加者全員が手分けして、文化財保護関係官庁各所等に、文化財の保護政策の充実を陳情している。平成二十年の六月十九日には、大臣室で渡海紀三朗文部科学大臣に面会して、文化財保護行政の更なる充実についてお願いすることができた。

将来の日本の有るべき国家像は、文化大国であるべき、一度失ったら二度と同じものは作れない、国宝、重要文化財建造物の保護、活用にどれだけ大臣として力を注いでいただけるかが、その鍵となると思うというような話をした。

総会の他に、定期的に役員会、文化財保護研修会と保存修理現場の見学会、専門委員会の開催などを通じて、文化財建造物を後世に伝えるための努力をしている。文化財建造物の保存修理に関わる国の予算が、現時点では十分とはいえず、その増額に重点を置いた活動を展開していかなければならないが、所有者は、その所有する文化財の活用に重点を置いた活動ができるのが本来の姿であろうと考えている。

また文化財を後世に伝えるためには、保存修理のみならず、地震や風水害から守るための方策の研究や研修なども怠り無く努めていかなければならない。

平成二十年二月十八日に開催された、中央防災会議で、福田康夫総理大臣は、「後世に引き継ぐべき国宝建造物等の滅失を防ぐための工夫を含め、これらの地震被害の軽減を図るための対策を講じるようお願いする」と発言している。

翌日、渡海文部科学大臣は記者会見の席で、このことに関して文部科学省の今後の対応について記者の質問を受けた。大臣は「私なりにもう一度事情をよく把握し直して、やるべきことがあれば早急に対応するということを考えてみたい」と答えている。

その後、内閣府、国土交通省、消防庁・文化庁の各省庁が協働して、「重要文化財建造物の総合防災対策検討会」が設置されることになった。六月中旬に、文化庁建造物担当参事官室より、全文連理事長として、この検討会の専門委員就任の要請があった。七月より動き出す本会に出席して、全文連理事長としての自覚のもと、発言をしていきたいと思っている。

御鎮座四〇〇年記念御神酒「無事長久」

久能山東照宮では、平成二十七年に御祭神徳川家康公が久能山に御鎮座されてより四〇〇年を迎えることになる。これを記念して静岡県産米の山田錦だけを使用した限定の大吟醸の酒、御神酒「無事長久」を、平成二十年の家康公のご命日四月十七日より販売授与することにした。このために酒類販売業の免許を取得、これを久能山東照宮だけで販売することにした。

「無事長久」は御遺訓「堪忍は無事長久の基」から命名したこだわりの一品である。家康公は堪忍ということについてよく諭されている。自分の心のわがままや欲望に対して我慢する、つまり堪忍することは身を守り、長生きする第一の条件といえよう。どんな芸事でも堪忍がなくては覚えられるものではない。天道に叶うようにするにも、わがままをせぬ堪忍が大切であり、ご先祖からの一国一城を無くさぬのも堪忍、人の和を得るのも堪忍が大切であるという家康公の教えにちなみ、皆様が無事に長く安らかでありますます様にと、御神酒を「無事長久」と命名し、四〇〇年祭まで毎年醸造し販売していく予定である。

原料の米は静岡県内の契約農家で栽培された最高峰の酒米「山田錦」を使用、仕込み水は南アルプス明石山系の天然伏流水を使用した鑑評会仕様の特別な酒である。香り・コク・キレは共に日本酒の旨味が全て堪能できる大吟醸。原材料は米・米麹・醸造アルコールからなり、アルコール度十六度以上十七度未満。精米歩合四十％。日本酒度＋七・〇。酸度一・三。容量は一升瓶桐箱入り一、八〇〇ミリリットル。価格は税込・送料込みで一本一万円。

実は今、静岡県の地酒が旨いといわれている。静岡県が地酒の銘醸地の一つとして認められた歴史は、決して古くはない。静岡の地酒が大きく飛躍し、全国から注目を集めたのは、昭和六十一年の「全国新酒鑑評会」から。この年の全国新酒鑑評会には静岡県内から二十一蔵が出品し、十七蔵が入賞、内十蔵が金賞を受賞。全国的にも無名であった静岡の地酒が、金賞の実に一割近くを占めるという快挙を成し遂げたのである。

この快挙の原動力の一つになったのが、「静岡酵母」の存在。静岡酵母は、酢酸イソアミル（日本酒の芳香成分の一つで、バナナやメロンの様な果実臭のする無色の液体で、吟醸酒に含まれる）を多く作り出す酵母であり、日本酒の高品質化のため、欠かせない存在になっている。優勢の柔らかな果実香を引き出す、静岡県開発のオリジナル清酒酵母ということになる。静岡酵母で醸した酒は「静岡型吟醸」と呼ばれ、「フレッシュで飲みあきしない酒」「フルーティな香りで、雑味のない端麗な酒」「優しい味と香りで、食中酒として最適」といった評価が寄せられている。

「無事長久」の醸造元は静岡県内の地酒メーカー「花の舞酒造㈱」であるが、勿論昭和六十一年の全国新酒鑑評会で金賞を受賞した蔵元の一つ。御祭神徳川家康公の御神徳を仰ぎつつ「静岡酵母」で醸された静岡産の東照宮御神酒「無事長久」の味を多くの人々に届けたいと思っている。

おわりに

できるだけ外に出て、多くの人たちに出会い、御祭神の御神徳を広め、神社神道の発展のために努力したいと思っている。祭祀の厳修、講演活動、与えられた各種団体の役職を通じての活動、様々な会合や祝賀会などでの挨拶などで、それを具体的に展開していきたいと思っている。

（『全国東照宮連合会会報』第四十二号　平成二十年十一月二十六日発行）

神仕えの姿

学生時代、新宿区戸塚に鎮座する水稲荷神社に実習生として二年間、お世話になり齊藤直芳宮司のご指導を仰いだ。私の「神仕えの姿」の原点は、この宮司にある。

実習神社は、父親の奉務する宮崎神宮で流鏑馬を指導されていた齊藤直忠先生（当時県立高校教諭）のご実家であった。先生は穏やかな口調で話しをされる都会の人。「先生のお父さんが宮司の神社で、二年間修行をするように」との父からの話に従ってのことだった。

神職である祖父や父親の姿は見て育ったものの、神社のことは何も知らなかった。面識のあった優しそうな先生から想像する宮司には、何の不安も無かったが、白衣の着方位しか知らないで、神社に行くことに不安があり、父親に神社で必要なことを少し教えて欲しいというと、「自分のような無学の田舎神主が、間違ったことを教えたり、変な癖を付けると、ご指導頂く宮司さんがお困りになるだろうから、何も知らないで行く方がいい。教えることは無い」と言いつつ真新しい角川文庫本の『古事記』一冊をくれた。

明治神宮での基礎実習も終わり、実習神社に行った。そこで初対面の宮司は、にこやかな直忠先生とは全く雰囲気の違った方だった。白髪交じりの坊主頭で圧倒されそうな威厳があり、その口元に笑みの居場所は無かった。

宮司は、毎朝夏場は五時半、冬場は六時、和服に袴を着けた姿で、神前に進み太鼓を打って、朝拝を済ませると、本殿より二百メートルほど離れた弓道場に直行、弓道に勤しんでおられた。その間私は、雨の日以外は竹箒を持って、一人広い境内を掃いていた。

午前八時、毎朝宮司と二人向かい合っての朝食。その僅かの時間に様々なことを教えて頂いた。宮司は神社本庁常務理事、神社本庁祭式講師、小笠原流流鏑馬の指導者で、文学博士の学位を持つ学者であった。お世話になった二年間、和服姿以外の宮司を見たことがなかった。

判らないことがあったら、遠慮無く何でも聞くようにとの宮司のお言葉、しかし何を聞いたらいいのかも判らない自分、宮司はそれを察して、一日に一つ何かを教えたり、注意したりされた。その内に質問もできるようになった。私の程度に合わせて、丁寧にお答え頂いた。その影響により、講演や講義の講師を務める今、出来るだけ判り易く話すよう心掛けている。

黒袍に身を包まれた威厳あるお姿、祝詞の声から一挙手一投足に至るその動きは、私の脳裏に深く刻まれている。その動きは、作為的でなく深く極められた学問に裏打ちされたものであったと思う。

自分の「神仕えの姿」を考える時、理想的具体的人物像が想像できるほど、有難いことは無い。遠い存在ではあるが、少しでも近づきたいものである。

（静岡県神社庁『庁報　不盡』第一一九号　平成二十一年秋季号）

年頭の所感　―平成己亥歳を迎えて―

久能山東照宮に奉職して、二十年目そして古稀を過ぎて初めての亥年を迎える。今まで、入院するような大病は疎か風邪で寝込むこともなく、お陰様で元気に奉職している。

神明の御加護に加えて、数多くの人々のお世話になって、生きている心豊かな日々は、有難く感謝の気持ちで一杯である。

平成十四年新年明けに、入院中の松浦國男宮司の見舞いに行くと、「三年間の権宮司勤務ご苦労。予定通り、後任宮司に推挙する」とのこと。続いて、平成二十七年御鎮座四百年大祭のこと。それまでに社殿他の修理・修復のこと。重文社殿の国宝の可能性を調べ努力すること。全国国宝重要文化財所有者連盟他、宮司が理事長や会長を務めている団体の役職は、要請があれば就任すること等、宿題を頂いた。そして松浦宮司は退任、名誉宮司となり、三月後に静かに旅立って逝かれた。

私は、宮司就任後、社殿修理・修復工事に着手し七年後に完成、翌年社殿は国宝に指定され、四百年大祭五日間も静岡商工会議所はじめ各種団体、市民の多大な協力のもと無事斎行できた。

そして全文連他先代宮司の務めた役職の殆どを引き継いで今日に至っている。今は、宿題の八割方が終了かなという実感である。

役職を務める団体の、会合には極力参加している。昨年末、全国博物館大会が、東京で三日間開催された。久能山東照宮博物館館長でもあるので、毎年参加して、その運営に遺漏なきよう学んでいる。今年は全国より、館長学芸員や専門家など七六〇名の参加があった。残念ながら、神社関係者の出席は少ない。

神社付属博物館は、御神徳宣揚に重要な役割を担う施設である。また、我が国が今後、健全な国家として諸外国より信頼と敬意を受ける文化大国の道を歩くためには、博物館の果たす役割は大きい。神社付属博物館協会のような団体も今後必要な気がする。

（「神社新報」平成三十一年一月一日）

七　境内の外で

虹（私の学校教育への期待）
命の大切さを

徳川家康公を祀る久能山東照宮は、今年創建されて満三九〇年を迎えました。火災に遭わず地震や風雨に耐え、また先人の努力によって今日に至っているわけです。およそ五十年毎の補修を加えながら、極彩色の社殿は燦然たる輝きを放っています。

この社殿には、極彩色の彫刻や絵がたくさん施されていて、安土桃山時代から江戸時代を代表する芸術作品として高い評価を受けています。多くの参拝者はその素晴らしさに感激、それぞれ先人の偉業を口にして帰っていかれます。

社殿の彫刻

しかし、これらの作品は、その芸術的価値を参拝者に鑑賞して頂くことが、第一の目的で作られたのではないと思っています。

ここに、社殿前面中央にある彫刻の一つ（写真）を紹介します。これは「司馬温公の甕《かめ》割《わ》り」という題の彫刻です。司馬温公は、中国北宋時代の有名な政治家であり学者でした。彼が子供

の時、友達と遊んでいたら、その一人が水の入った大きな甕に落ちました。助けるために、近くにあった石を拾い投げて甕を割ったのです。右側の人は梯子を架けて甕の中を覗いています。左側が石を投げた司馬温公、真中は甕が割れて中から友達が水とともにとび出しているところです。家に帰り理由を告げて、甕を割ったことを父親に謝罪すると、父は「甕は高価でもお金で買えるが、人の命はお金では買えない大切なもの」と言い、命の大切さを教えたという話です。

この甕割りの彫刻は、若干構図は違いますが、日光東照宮の陽明門前面の中央にもあります。このことは、何を意味しているのでしょうか。時を越えて家康公に会いに来る参拝者に対する家康公からの大事なメッセージ「命を大事にせよ」に他なりません。

家康公は、駿府で今川氏の人質として過ごした幼少年期に、大龍山臨済寺で太原崇孚和尚（雪斎長老）より史書、兵学を学んでいます。そして学問の中核にある「命の大切さ」「平和の尊さ」を知り、公の生涯は、身をもってこれらの大切さを示されたものともいえるでしょう。

ところで最近、人の命が軽視される風潮にあると、感じているのは私だけではないだろうと思います。マスコミで報道される事件の多くに、「なぜ、そんなことで人を殺すのか」と言いたくなります。また自殺者も年間三万人以上あると聞いています。因みに交通事故での死亡者は年間七千人台だそうです。

近年は幼少年期に、家庭でも学校でも社会でも、「命の大切さ」を教える機会が少ないのではないでしょうか。「静岡市内の小、中学生は、誰もが一度は『甕割り』の話を聞いて見て知っているよ。家康公からの伝言『命を大切に』だよ」などと子供達の口から聞ける日が来たらいいなと思っています。

私は今後も社頭で、家康公からの大事な伝言を語っていきたいと思っています。そこで児童・生徒を引率された先生方とお会いできたら幸いです。


（静岡市校長会会報『静風』第七号　平成十八年十二月十五日）

なすび

株式会社「なすび」は、今年創業満三十年を迎えられるという。心よりお祝い申し上げます。藤田安彦社長は、清水の地にて現在の仕事を始めるにあたり、その社名について思いを巡らされたという。清水からよく見える日本一の富士山を眺めつつ、徳川家康公の愛された「一富士、二鷹、三茄子《なすび》　四扇　五煙草　六座頭」という言葉を思い起こされた。日本一の富士山にまつわる社名ではおこがましい、それかといって二番目の鷹もしっくりこない、それでは三番目ではあるが、食べ物の商売でもあり、「なすび」にしようと決められたとのことである。

「三保の早茄子」といって、代々徳川将軍家にも献上された茄子は、清水の特産品でもある。この社名に象徴的意味を込めて、地元特産の新鮮な食材をふんだんに使い、美味しい料理を市民に提供し続けて三十年、今日に至っている。

藤田社長と酒を酌み交わし、楽しいひと時を過ごすこと幾度になるか数えたことはないが、その時々の穏やかな話しぶりのなかに、地元に対する限りない愛情が伝わってくるのである。またその核心に徳川家康公に対する深い尊崇の念があり、久能山東照宮にも篤い崇敬の真心を寄せられている。有り難い限りである。

ある時、徳川御宗家徳川恒孝様御夫妻を清水の「なすび」総本店にご案内した。料理については社長に一任、次々に美味しい料理が運ばれてきて、ご夫妻も大変お喜びになった。そのうちの一品に、マグロの頭の兜焼きがあった。その名は「歯朶《しだ》の兜焼き」、久能山東照宮伝来、家康公歯朶の具足に由来する。この巨大な兜焼きの解体、盛り付け役を社長御自らあざやかな手捌きで御奉仕されたこと、ご夫妻にも強く印象に残ったのではないかと思う。

先日も藤田社長にご馳走になった。草薙にある「なすべえ」の一角のことである。夕方五時頃から、地元の食材のことなどに話の花が咲いていると、そのうちに各客席は、お客で一杯になった。

暫くすると社長は、茄子の原種を探し求めていたが、ようやくそれらしき物に辿り着いたと言って、奥の方からザルに入った茄子を運んでこられた。小振りの丸い形をしていた。茎の所には鋭いトゲがあった。別に既に漬物になった物もあり、その味見もさせて頂いた。

ところで、久能山東照宮博物館に一枚の茄子の墨絵が、収蔵されている。三代将軍徳川家光公筆と伝えられているものである。そこに画かれている茄子とこの茄子とは、形が似ていると思った。

わが国最古の本草書『本草和名』に「茄子　和名奈須比」とある。平安時代にできた本である。おなじナス科のタバコやジャガイモは、近世になってから我が国に渡来したが、茄子は早くから中国を経て伝わり、いまから千二百年以上も前にすでに栽培が始まっていたといわれている。

家光公の時代、茄子が栽培されるようになってかなりの時は過ぎているものの、茄子の品種改良が行われていたとは考えにくいので、この絵も大いに茄子原種探しの参考になるのではと思う。

私は四～五年前、久能山の麓で、茄子その他の野菜を育てていた。今東照宮改修工事の資材置場となり、家庭菜園は休業中である。その頃は、七月から八月初旬にかけて沢山とれた。八月初旬、広がった枝を切り落とし、追肥して秋茄子の収穫に備えた。

ところで「秋茄子は嫁に食わすな」という話を耳にされた方は多いのではないかと思う。この話は、「姑が『秋茄子は美味しいので、憎い嫁に食わすな』という」意地悪な意味に取られている場合が多いようである。しかし、「身体を冷やす」から、あるいは「種子が少なくて子種がないと困るから」大事な嫁に食わすなというように、反対に嫁を思いやる意味の解釈もあるようである。

さらには、嫁とはまったく関係ない「秋なすび早酒の粕につきまぜて棚におくとも嫁に食わすな」の和歌に基づくという説もある。秋茄子を新酒の酒粕に漬けて、棚に置いていても嫁に食べさせるなという意味であるが、問題は「嫁」とは何者であるかである。この嫁は、「嫁が君」の略で、鼠のことであるという。

何故、鼠のことを「嫁が君」というのであろうか。「仕事ばかりして（遊んでばかり）いて奥さんを放っておくと、鼠に引かれるぞ」などと言われたことのある御仁も居られるのではないかと思うが、それと何か関係が有るのかも知れない。

さて藤田社長は、茄子の原種を手にして何を考えておられるのだろうか。三十年前の初心に帰り、新たなる飛躍を期しておられるのであろう。

株式会社「なすび」の益々の繁盛を祈念しつつ、筆を擱く。

（『株式会社なすび、創業三十年記念誌―なすびの三十年の歩み―』平成十七年九月十三日）

宗教者懇話会

私は、東京の神社本庁勤務を経て、平成十一年三月から久能山東照宮に勤め、今年で九回目の正月を久能山で迎えることができました。静岡に来た頃は殆ど知人も無かったのですが、徐々に交友が広がり、今は多くの方々とご神縁を頂き楽しく忙しい日々を送っています。その中でも、特に静岡市宗教懇話会が発足して、多くの神道以外の聖職者を中心に交流ができることを、とても喜んでいます。

この交流がなければ、他の宗教に対する知識や情報は、文字ないしマスコミから得ること以外は、不可能ということになります。お互いに違った信仰を持つ者が、自分の信仰について語り、それを聞くことの意義は大きく、他の宗教に対する関心は、即ち自分の信仰へのより深い省察に繋がるような気がします。

多くの人々は、神仏、もっと広く言えばサムシング・グレートという多様な精神的価値ある存在から、自分の信奉する価値を見出して、人生の核に据えて生きています。さまざまな価値に出合いつつ、未だ自分の信奉すべき存在に出合っていない人も多くいるでしょう。また精神的価値にあまり関心を寄せず、物的存在に重き価値を認めている人も多くいると思います。

自己責任において自分の道を選び、生きていくことのできる現在の日本、そしてこの静岡の地で、信仰に帰依する人々が集い、何かを模索しつつあるのです。私たち宗教懇話会会員は、この会の中でお互いに何を見つけることができるのでしょうか。

先ずは、先にも触れたように自分の信仰を磨くよい機会であり、本来の信仰上の自分を見つける旅立ちと、旅の友という位置づけができるかも知れません。

つぎに、国内外の長い歴史を眺めて、自由で平和の保たれている現在の日本、そして現実の生活の場である静岡が存在するために、犠牲になられた人々、また発展のために尽力された人々に対して、どのように向き合うかという課題もあるでしょう。

このことは、神道、仏教を奉ずる人々にとっては、深く省察を加えて、何らかの行為が起こされて然るべき課題と思われますが、没後の人の魂を信仰の対象としないというより、してはいけないとするキリスト者にとっては、無意味なことになるでしょう。

自分の信仰上重要なことであっても、他宗にとっては無意味なこともあり、その逆の場合も当然有り得ることです。そんな時、お互いにどのような態度をとればいいのでしょうか。

私は、自分の信仰上無意味な他宗の言動と関わりが生ずる場合、それが他宗を誹謗中傷するような内容を含むものでなければ、寛容の心のみならず敬意を持って接すべきではないかと思っています。

こんなことやら、未来の地球に生きる子孫のために、宗教者という立場で私たちは何ができるかなど、考えて語り合い行動すべき課題がたくさんあるような気がします。会員の皆様の熱情溢れる宗論を期待しつつ筆を擱きます。

（『静岡市宗教者懇話会会報』第二号　平成二十年三月二十六日発行）

新年度を迎えて（平成二十三年定例協議員会報告）

静岡県神社庁副庁長

去る六月二十八日、第八十九回静岡県神社庁定例協議員会が、静岡県神社会館で開催され諸案件が審議された。

龍尾司郎副庁長の開会の辞、神殿参拝、国歌斉唱、敬神生活の綱領唱和、櫻井豊彦庁長挨拶、打田文博神社本庁評議員による平成二十三年神社本庁評議員会報告の後、吉田泰康議長着席、諸般の報告が終わって議事に入った。

議事では、最初に議事録署名議員が指名され、次に昨年の協議員会で副議長に選任された田代隆昭氏より、副議長辞任の申し出があり、後任副議長選任の選考委員会が開かれて、富士支部の伊藤邦彦協議員が、後任副議長に選任され、残任期間の職務に就くことになった。

副議長は、「議長に事故あるときは、議長の職務を行う」要職である。伊藤副議長のご就任をお祝いし、益々のご活躍を期待したい。

議案第一号、平成二十一年度歳入歳出決算、議案第二号、平成二十一年度静岡県神社庁財産目録、議案第三号、平成二十二年度静岡県神社庁業務報告、議案第四号、平成二十二年度静岡

県神社庁歳入歳出中間報告（五月末）、議案第五号、平成二十二年度静岡県神社庁財産目録（五月末）の各議案は、前回協議員会で承認されて、執行部に委任された予算及び事業計画に基づく業務成績報告という意味になる。

歳入歳出決算と財産目録が、過去一年間でなくその前年の一年間分になっているが、それは、協議員会の開催時期が、新年度が始まる直前の六月に開催されるために、六月末での決算報告ができないことによる。従って、五月末までの中間報告をしておいて、平成二十二年度決算は、一年遅れになるが、平成二十四年の協議員会に上程されることになる。

第一号から第五号まで、それぞれ原案通り承認された。原案通り承認されたということは、権限の範囲内での業務執行と支出が適法に実施されたことを、協議員会が認めたということになる。

続いて「議案第六号、平成二十三年度静岡県神社庁事業計画案、議案第七号、平成二十三年度静岡県神社庁歳入歳出案、議案第八号、基本財産積立処理について」が上程審議され、すべて原案通り承認可決された。

協議員会に上程された静岡県神社庁の事業計画案は、神社庁代表役員である神社庁長を中心とする執行部が、今年一年間、それに沿って、諸規則を遵守しつつ、責任もって事業を行いたいという意思表示であり、予算案は歳入の見積りと、事業の実施に際して必要と思われる支出を意味する。

原案通り可決されたということは、神社庁長に今後一年間の業務執行と支出の権限が認められたことになる。

最後に、勝又清理事逝去により、欠員となっていた理事補欠選挙があり、駿東支部、興津史彦協議員が理事に当選、規定により勝又清理事の残任期間を務めることになった。ご活躍を期待したい。

今日の協議員会では、活発な質疑や討論が少ない感がある。大いに議論していく中に神社庁の更なる発展が期待される。


（静岡県神社庁『庁報　不盡』第一一三号　平成二十三年秋季号）

院友の絆を大切に

昭和四十五年に國學院大學文学部神道学科を卒業して五十年、大学院博士課程で単位習得してから四十五年、つまり学生として大学に九年間もお世話になった。

平成十一年三月、神社本庁と國學院大學兼任講師を辞して、久能山東照宮権宮司として静岡に赴任した。当時の上司、松浦國男宮司は、國學院大學院友会静岡県中部支部長を務めており、平成十四年二月、入院中の病室で次の支部長は、堀内正文先生にお願いして欲しいと遺言、私に宮司就任の手続きを指示して退任、間もなく五月に逝去された。

やがて堀内先生が、支部長に就任され、教職関係、神社関係の院友を中心に、様々な活動が展開されてきた。特に思い出に残るのは、平成二十年九月二十三日より二十八日まで静岡県立図書館、美術館と共催して『徳川家康と静岡～現代人へのメッセージ～』と題する展覧会を静岡県立美術館で開催したことである。

これは、國學院大學院友会より、全国の院友会支部に、大学創立百二十周年記念事業の支部内での実施要望に応えるものであり、静岡県中部支部の一大事業であった。

当時現支部長の天野忍先生が、県立図書館長の職にあり、万般に渉り中心になって御尽力頂いたが、特に来観者に無料配布した立派な図録作成を担当、多くの市民に好評を頂いた。

この図録はA四判十七ページもある立派なもので、院友会からの助成金は、すべてこれに充てられた。

堀内支部長指揮のもと、幅広く院友が結束した。毎日、会場に来て来館者の誘導や説明を担当して頂いた七十二期卒青木充磨先輩はじめ多くの先輩、後輩との交流ができたのである。

あれから十年以上の歳月が流れたが、今年になって想像もしなかった事態が発生した。新型コロナウイルス感染症の拡散により、今後は予想できない社会生活の変化と対峙しなければならないことになる。一つだけいえることは、あらゆる場面での社会活動は、今までより地元地域を中心にした諸活動との関わりが、深くなるということであろう。

家族と限られた友人と職場の人間関係に上乗せして、院友会に顔を出して、先輩後輩と交流を深めて欲しい。院友会静岡県中部支部の活動は、幅広い年代層の異業種交流の場であり、社会人として視野を広げる塾でもある。地元の貴重な情報に触れ、人脈を厚くして、人としての成長も期待できるだろう。

（『國學院大學院友会　静岡県中部支部通信』第一号　令和二年七月二十五日発行）

八　追悼

戸田義雄先生のご逝去を悼む

私は、只今ご紹介を頂きました静岡市に鎮座の久能山東照宮宮司落合偉洲と申します。数多くの先輩ご列席の中で、私が先生の追悼の言葉を述べさせて頂きますことは大変僭越と存じますが、ご指名を頂きましたので、お許し願います。

戸田義雄先生のご逝去の報に接し、痛惜に堪えません。先生は、平成十八年七月二十四日、享年八十八歳でご逝去されました。お世話になりました先生の思い出を少し述べつつ、謹んでご冥福を祈りたいと思います。

私は、昭和四十年代初期に國學院大學で戸田先生の宗教学や古事記の講義を受講し、卒業後、神社本庁に勤務、政教関係を正す会発足当時の事務局の手伝いをする機会があり、昭和から平成の御世代りの頃には、神社本庁渉外部長兼政教関係を正す会事務局長の職にありました。

初めて受けた先生の「宗教学」の授業の日、教室の最前列の真ん中が私の席でした。席が「あいうえお」順で決められていたからです。先生は、いきなり「宗教のことを英語でリリージョンという。僕はアメリカに宗教を勉強に行ったが、最初はこのリリージョンの発音が上手くできなくてね、何度も直されて言えるようになったね」と。そして何度かこの発音を繰り返される先生の口元を注意深く観察しているとそこで、先生と目が合ってしまいました。先生は私に「君、言ってごらん、ハイ、リリージョン、レリジョンじゃないよ」。私の発音を、褒められたか直されたのか記憶はありませんが、忘れられない宗教学の初授業でした。

「古事記」の授業では亜細亜大学教授の夜久正雄先生の『古事記の世界』を参考書として、古い言葉の持つ意味の深さや広がりを考える授業を受けました。『古事記』の中で、天照大御神が、弟須佐之男命に田の畦を壊されたり、溝を埋められたり、御殿を汚されたりした後に、天石屋戸に籠もられて世の中が暗闇になる話があります。原文では「故れ、是に天照大御神見畏みて、天石屋戸を閇てて、さしこもりましき」とありますが、「君この『見畏みて』とはどういう意味を持っていると思いますか」と聞かれたこともありました。たぶん次の授業までに調べますとでも言って難を逃れたのではないかと思いますが、何故か『古事記』の中で六箇所「見畏みて」という記述があったことを、今でも覚えています。

ところで、昭和四十年代の初期、戦後我が国の政治と宗教関係の混乱を象徴する裁判「津地鎮祭訴訟」において、津地裁で良識ある判決が下されました。ところが、昭和四十六年五月十四日、名古屋高裁で、逆転違憲判決が下され、識者の憂慮を深くする事態を迎えることになりました。私も神社本庁の研究室にいて、判決当日の緊張感とただならぬ雰囲気を感じた一人でした。

戸田先生のお話によると、名古屋高裁の判決を間近に控えた昭和四十六年三月初旬、戸田義雄先生と同じく國學院大學の安津素彦先生、佐伯真光先生の三人が集まり「日本における政教関係の歪みをこのまま黙していては、将来が危ぶまれる。広く心ある人士に呼びかけて結束し、正常化の国民運動をおこそうと誓いあった」ということでした。

この三先生は、昭和三十年代後半ハーバード大学に留学されて主に世界宗教研究センター(Center for the Study of World Religions)で学ばれていたようです。

佐伯真光先生のお話によれば、昭和三十八年の春に、戸田先生、佐伯先生、安津先生は世界宗教研究センターの所長室の研究懇談会での出会いから親交を深められたとのことでした。

その後、三先生の連名で、政教関係を正す会(仮称)発起人呼びかけが行われ、昭和四十六年十月二十二日夕刻、渋谷の東急文化会館の一室で「発起人呼びかけ主打合会」が開催されました。ついで「政教関係を正す会」が十一月二十六日に発足、その後三先生は、どなたも代表者に就任されず、幹事として会の発展にご尽力頂き、主旨に賛同する多数の会員を得て、今日に至るまでに多大の功績・実績を残されております。

三先生の内、安津素彦先生は昭和六十年に、佐伯真光先生は平成十二年にご逝去されました。平成十二年秋、神社新報に佐伯真光先生の追悼文を書かせて頂きました。翌年になり二月頃だったと思いますが、当時久能山東照宮権宮司でありました私に、戸田先生より電話を頂きました。「落合君かね、戸田だけれど、佐伯さんが亡くなられた事を知らなくてね。最近見た神社新報の君の追悼文で初めて知ったよ。でもよく調べて書いてくれてありがとう」と言って頂き喜んでいると、すぐ「今、NHKで葵三代が放映されているが、家康公の描き方に失礼な所が時々あるが、君の奉仕している神社のご祭神なんだから、おかしいと思ったらちゃんと抗議するんだよ。わかったね」「今は車椅子の生活だけど、そのうち君に会いに日本平まで行くから、迎えに来るように」というお話でした。

私は國學院大學に学び、神社本庁で二十八年勤務の後、久能山東照宮で八年目を迎えておりますが、戸田義雄先生の素晴らしい学恩に接することができました者の一人として、本当に幸せでした。先生のご冥福を心よりお祈り致します。有難うございました。

（「戸田義雄先生お別れの会」追悼挨拶　於ホテルグランドパレス　平成十八年十月十四日）

鶴岡八幡宮名誉宮司白井永二先生のご逝去を悼む

白井永二先生の訃報に接し、痛惜に堪えない。斯界発展のために多大の功績を残されて、平成二十年元旦、九十二年の生涯を閉じて黄泉国に旅立たれた。思い出のほんの一部を紹介しつつ、ご冥福をお祈りしたいと思う。

悠久の事

白井先生は、昭和五十四年四月十三日に、神社本庁理事代務者に、五月二十三日に理事に選任された。私は神社本庁主事として教学部で中央研修所の仕事をしていた。白井先生は、時々、役員会等で神社本庁にお見えになっていたが、直接話しをしたことはなかった。その年の九月十五日、鶴岡八幡宮例祭に献幣使甲随員として奉仕させて頂いた。その時にご挨拶したのが、直接話しができた白井先生との出会いであったと思う。

その頃、上司である渋川謙一教学部長より、「鶴岡八幡宮で季刊雑誌を刊行することになったが、本庁の若い職員を一人編集委員に出して欲しいとのこと、君を推薦したので」という話があった。それぞれ本務を持つ編集委員五人が、夕刻より編集会議を重ねて、翌年の昭和五十五年四月三十日、『季刊　悠久』第一号が刊行された。この「悠久」の刊行には、白井先生の宮司としての長年の熱い思いが込められていたのである。

昭和二十一年二月二日、官国幣社制が廃止となり翌日二月三日、神社本庁が設立された。この頃の鶴岡八幡宮の宮司は、座田司氏《さいだもりうじ》という、見識、学識の高い方であった。敗戦後の思想混迷の時代、座田宮司は、「神道は天地悠久の大道である、神道の総合誌を刊行しよう」として、当時権禰宜であった白井永二先生に、雑誌「悠久」の編集事務万般を任せられたのである。

折口信夫先生を顧問格として、安津素彦（國學院大學講師）、岩本徳一（國學院大學講師）、臼田甚五郎（明昭學院講師）、小野祖教（神社本庁教化課長）、大坪重明（神社新報編輯長）、

岡田米夫（神社本庁調査課長）、岡田實（神奈川県神社庁参事）、岸本芳雄（宗教思想研究所員）、座田司氏（鶴岡八幡宮宮司）、豊田武（文部事務官）、西角井正慶（國學院大學教授）、松本勝三（國學院大學講師）、森田康之助（都立大泉中学校教官）、和歌森太郎（東京文理科大學助教授）に白井先生を加えた十五名、錚々たる人物の同人誌として、昭和二十三年一月五日にその第一号が刊行された。

白井先生は、編輯《へんしゅう》後記に「当然あるべくして、今まで生まれ出なかった純粋の神道雑誌を世に送る」とし、ここに神社神道の宗教としての新しい出発点を意識しつつ、「装ふことをせず、偽りを作意せず、自らをありのまゝに語ることそれだけで自由の日の神道は広く豊かで、明るく楽しいものであることを吾々は味ひとることが出来るであらう」と記されている。

物心両面に亘り苦しい時代に、不易の大道である神道の存在を世に顕彰すべく、「悠久」の刊行という大英断を下された座田宮司、そして宮司の全幅の信頼を得て、編集会議の設定、食糧事情の厳しい中での食事の手配から、悠久印刷用の紙の確保まで心血を注ぎお世話をされたのである。そのご苦労は並大抵ではなかったようだが、座田宮司の示された高邁なる任務を遂行するために、喜んで身を挺されたのである。大正四年十二月十日生の先生、三十二歳の時ということになる。

昭和二十八年九月三日には、先生が学問の師と仰ぎ尊敬されてきた折口信夫先生の逝去、そして同年末には、昭和十二年十二月一日より、十六年間宮司の職にあり、神職の手本とされていた座田宮司が、翌昭和二十九年一月三十日付で京都の賀茂別雷神社宮司に転任されることが決まった。そんな事や職員の給料の遅配もしばしばという現実の中、昭和二十九年一月二十日、「悠久」は通巻第十一号を以って已むを得ず休刊することとなった。

休刊を迎えざるを得ない先生の心中計りがたいものがあるものの、この巻編輯後記の最後に「次々と業績を確立し、斯界の進展に力を注ぐ人々が、同人の間から逐次現はれて行くことは悠久の休刊にも拘らず力強く覚える。このことが再び刊行される暁に、大きな動力となるであらうことを愛読者と共に期待して、第十一号悠久最終誌の最後の詞とする」と記して筆を擱かれている。宮司になったら、座田宮司のご意志を継いで、必ず復刊するという強い決意のほどが窺える。

「悠久」の発刊は、心身ともに喪失感の中に生きていた戦後の神社人や、識者にどれだけの希望と勇気を与えたか、計り知れないものがあり、またこの中に白井先生の戦後の神道に寄せる熱き情熱を見てとることができよう。

この「悠久」が復刊されて今年は、二十八年目を迎え、既に百十号が出ている。復刊当初より編集業務に携わり、ときに座談会の司会を担当、原稿も執筆したが、その中で多くのことを学ぶことができた。それも白井先生のご自身の体験から、雑誌の編集業務を通じて、若者を鍛えてやろうというご配慮によることであった。有りがたい極みであると思っている。そのご意志は、吉田茂穂宮司にしっかりと受け継がれている。

神社本庁時代

昭和五十七年五月二十日、先生は神社本庁常務理事に選任された。私は、昭和六十一年十月一日、参事に任ぜられ調査部長心得を命ぜられた。まずは神社本庁設立以後、度々話題になりながらそのままになっていた女子の祭祀服装を規定化することを考えた。そして審議委員会を設置、白井先生には委員長にご就任頂き、三度の委員会を開催して答申を統理宛に提出、昭和六十二年五月二十八日の評議員会で審議可決された。「神職の祭祀服装に関する規程」に女子神職服制が別表に追加されたのである。短期間ではあったけれども白井委員長の的確なご指導のお陰であり、お力が大きかったのである。

白井先生は、この時の評議員会で神社本庁副総長に、平成元年には総長に選任された。昭和の御世の晩年、昭和天皇の御不例、崩御、大葬の礼、そして平成の御世の幕開け、即位の礼、大嘗祭と続く時代に、先生は神社本庁総長として、斯界を的確に導いていかれた。この頃の思い出もたくさんあるが、風呂敷を広げると収拾がつかなくなるので広げないことにする。白井先生は、平成四年五月に総長に再選され、私は二期目の総長に総務部長としてお仕えすることになった。

平成五年十一月二日、全国神社総代会大会が午後一時より高知市で開催された。その前夜関係者一堂に会して懇親会が行われた。終了後白井総長をホテルの部屋まで送り、翌朝朝食前八時頃にお迎えすることを伝えて自室に帰った。間もなく、かつて高知県神社庁長もおつとめになった高知市内鎮座若宮八幡宮の大久保宮司から電話があり、すぐロビーに下りてくるようにということで、一杯飲むことになった。上司に当たる栃尾泰治郎事務局長も一緒、三人で夜の繁華街へ。

大久保宮司はたいへんお洒落な方であった。私が「宮司さん、素敵なネクタイですね」というと、宮司は「自宅に外国から買ってきたネクタイで、未使用の物が何本かあるので、後日君達の自宅に送ってやるよ」と言われたので、「いや、結構です」とお断りした。「君達に合うのを、選んで送るから、別に気にするな」と言われた。「でも結構です」と断ると「なぜだ」となって、その理由を言わなければならなくなってしまった。

大久保宮司のお名前は「千子」と書いて「ゆきみ」とお読みする方である。私は正直にその理由を述べた。「自宅に宮司さんのお名前で、ネクタイが届いた場合、家内にこの送り主は女性ではなく、高知県の男性の宮司さんであると言って信用させる自信がない」と。

翌朝、白井総長を朝食に案内するためにいったんロビーに下りると、大久保宮司が細長い箱を二つ持って立っておられた。「君が、家に送るとまずいと言うから、持ってきたよ」と言ってその箱を手渡された。栃尾さんの分も預かって、お礼を申しあげるのも、そこそこに、部屋に戻る時間はなかったので、手に持ったまま、白井総長の部屋にお迎えに行った。

「君は手に何を持っているのかね」と。事の顛末を話すと白井総長は、「僕は、酒は飲めないし、果報は寝て待てともいうから早く寝たが、特に何にも良いことはなかったなあ・・・それにくらべて君のような酒飲みの方が得みたいだなあ」と。

ある年の神社本庁評議員会等諸会合全日程が終了した日の午後、幾つかの用件を携えて総長室に入った。若干お疲れのご様子、椅子の背凭れに深く身を沈めておられた。至急の用件でもなかったので、別の話を切り出した。「この一週間、大変お疲れさまでした」。ニコニコしながら頷いて居られた。「ところで、先日ある用件で細川統理様のお宅にお邪魔しました。ちょうど今、隣の永青文庫で古硯の特別展が開催されています。今から如何ですか」。急に目が輝き「そうか、よし行こう」となって永青文庫へ。

文庫の飯坂事務局長は、「どうぞ、ごゆっくり。間もなく殿様もお帰りになると思いますよ」と言って中に案内された。そこには、細川護貞永青文庫理事長（神社本庁統理）が厳選された古硯で、それを使っていた人の座右の銘など文字が刻まれた物が中心であった。

「硯には、いろいろな楽しみ方ある。まず硯を手に持ってその感触を、次に水を注ぎその下に見える石の模様を、そして墨を磨って、・・・」などという白井先生のお話を覗いながら、拝観したのである。私にとって硯を手に持ってその感触を楽しむなど、思ってもみないことであった。暫くすると細川統理もお姿をお見せになって、古硯の話はより大輪の花となっていった。細川理事長の執筆された古硯特別展の図録を頂き、永青文庫を後にした。

総長を退任されて

先生は総長を二期六年お勤めになり、平成七年六月三日を以って退任された。その年十月、先生のお供をして中国に旅した。南京では、江蘇省総書記による歓迎の夕食会があり、北京では釣魚台迎賓館での晩餐宿泊であった。先生と中国の特に江蘇省の総書記をはじめとする幹部との間に太い絆があった。空港の待合室など所々で揮毫を頼まれて、筆を染めておられた。

十二月十八日に開催された表彰委員会で、神社本庁「表彰規程」第二条第三号該当として、翌平成八年二月三日付で表彰が決定し、白井宮司に神社本庁長老の称号が授与された。二月三日（神社本庁設立記念日）付で表彰される方の表彰式は、例年五月の評議員会を中心とする諸会合の期間中に行われるが、ちょうど平成八年は、神社本庁設立五十周年記念式典と合わせて日本武道館で常陸宮様ご臨席のもと全国から約一万人の参加者のもとに執り行われ、先生はそこで長老の印である鳩杖と功績状を受けられた。

私はこの時、舞台脇で女優の浜美枝さんと記念式典の司会を担当、先生の晴れ姿を間近に拝することができた。その後、平成九年三月三十一日付で宮司を退任されて、四月二十日付で鶴岡八幡宮名誉宮司の称号を受けられた。

先生は、昭和十八年五月二十六日付で、国幣中社志波彦神社鹽竈神社より国幣中社鶴岡八幡宮に主典として転任された。以来五十四年という長きに亘る鶴岡八幡宮のご神勤であった。

久能山東照宮

私はご縁があって、平成十一年三月二十一日付で、静岡の久能山東照宮に権宮司として赴任した。先生は名誉宮司になられていたが、平成十二年七月十二日、久能山東照宮にご参拝になり、この時先生の揮毫色紙「無事」と、宮司の時に使われていた笏《しゃく》と硯を頂いた。社日本平で松浦國男宮司とともに先生をお迎えして昼食後、久能山東照宮にご参拝頂いた。社務所前から本殿まで百段近い石段があるので少し心配でしたが、元気な足取りで拝殿にて正式参拝、その後しばらく石の間や拝殿の極彩色の絵や彫刻について、先生の解説を伺った。新米権宮司は大いに刺激されて、絵や彫刻に込められた意味をより深く考えるようになった。

その後も時々自宅に電話や手紙を頂き、先生のお宅にも何度かご機嫌伺いにお邪魔した。ライフワークとして研究に打ち込んでこられた菅江真澄のこと、民俗学、私の知らない終戦前後の神社をめぐる話など多くのことを教えて頂いた。

私は、平成十五年、「静岡新聞」の夕刊に十三回にわたり「窓辺」というコラムを執筆した。時々、先生の電話でその内容にコメントを頂いた。どうして神奈川県鎌倉にお住まいの先生が、静岡新聞の記事を御存じなのか不思議だったので、お尋ねすると笑って「その内に分かるよ」とのこと。後日、静岡市内である女性に声を掛けられた。「私の母と白井様は同郷の幼馴染、あなたの宮司就任祝賀会出席の後に、母と会い、『落合宮司をよろしく頼む』と頼まれたので、母は、あなたの新聞記事を見つけると、すぐ切り抜いて送っていましたよ」とのことであった。私の知らないところでも応援して頂いていたことを知り、感激の極みであった。

平成十八年十二月十日、先生は五百頁近い大著『菅江真澄の新研究』を上梓された。なんとその日は先生の満九十一歳の誕生日であった。

私は今年（平成二十年）の元旦午前五時より、宮司として例年通り歳旦祭を奉仕した。祭りを終えて先生に頂いた笏をちょうど置いた頃、午前五時四十三分、先生は逝かれたことになる。まことに悲しい限りである。

白井先生は、終戦前後の苦しい時代にお仕えされた座田宮司に、宮司としての理想の姿を見ておられていたように思う。座田宮司を斯の道の師と仰ぎつつ、常に高い理想を掲げて、斯界発展のために尽くされて、終生学求の道に身を置かれていたお姿は、まことに輝かしくて尊い。そのお姿を仰ぎ見つつ、ご冥福を祈りたいと思う。


（「神社新報」平成二十年一月二十一日）

追記

この記事が掲載された後、節分も過ぎた頃、鶴岡八幡宮池田正宏禰宜から一通の便りと小包が届いた。「向かいの書斎の灯が消えて久しくなります。淋しいものです。形見の品（硯）をお預りしていました。書斎に残っていたままを、洗わずに送ります」。そして、「彼岸が過ぎた頃、一杯いかがですか」と。二人で「偲ぶ会」をしようとのお誘いがあった。

身近にある硯。亡き白井先生を思い出し、病床にあり今は、会えない池田さんの回復を祈っている。

黒岩龍彦先生のご冥福を祈る

かつて父親が、宮崎神宮に勤務していたこともあって、その社務所の中にあった宮崎県神社庁の職員であった黒岩先生は、小学生の頃から知っていた。

昭和四十一年四月、私は國學院大學に入学、五月下旬のある日、大学の職員であり郷土の先輩小寺賢一郎氏から電話があり、夕刻、渋谷の桜丘会館という所に来るようにとのこと。

そこには、甲斐武教神社庁長をはじめ、前田瑞行副庁長、神社庁参事の黒岩龍彦先生、宮崎県内の神社本庁被表彰者、そして宮崎県出身の國學院大學で神道を学ぶ先輩達が、集まっていた。

この会はそれ以前より毎年、五月下旬神社本庁表彰式の夜、渋谷の某所に召集が掛かり、宮崎県神社庁主催の宮崎県出身神社関係者と神道学関係学生の激励懇親会として現在に至るまで行われているようである。

私は、國學院大學を卒業して、神社本庁に勤務、平成十年に退職するまで、この会に一度も欠席することなく三十三回出席した。

この間、黒岩先生は、神社庁参事兼宮崎神宮権宮司、そして宮司に就任されると同時に神社庁長に選任され、神社本庁理事、常務理事等歴任されたので、私の出席した激励懇親会に欠席されたことは一度も無かった。先生は酒を口にされなかった。こちらが少し酩酊し始めた頃、宮崎弁でのご高説を拝聴すること度々であった。同じ宮崎県出身とはいえ、生地が少し離れているのと、話の筋が私の想像以上に飛ぶこともあり、先生の話を完全には理解しえなかったのである。

この激励懇親会は、一年に一度の大いなる楽しみであった。東京に居て、皆宮崎弁で話をし、酒を飲んで普段は口にできないご馳走を食べることができる。しかも会費はタダだった。

大学三年になった時、僅かな仕送りと酒屋の御用聞きのアルバイトで何とか大学に通っていたが、父親が病気で長期入院となり、仕送りも止まって困っていた。黒岩先生に相談すると、先生の中学時代の同級生で、東京で会社の社長をされている方を紹介された。

その社長の屋敷の隣のアパートに住み、社長のご子息の家庭教師と、セント・バーナードという大型犬の世話という仕事にありつき、お陰で大学を卒業することができた。

また黒岩先生の恩師で、伊勢神宮に勤務されていた幡掛正浩先生にもお引き合わせ頂いた。神社本庁で中央研修所担当の約八年の間を中心に、何度も黒岩先生と幡掛先生のお宅にお伺いしてご高説を拝聴し、ご馳走になったのである。

言い尽くせぬお世話になった両先生に感謝の意を表し、衷心よりご冥福を祈りたいと思う。

（黒岩龍彦大人命追悼集『塒定《ねぐらさだ》むる』　神社新報社　平成二十一年四月二十九日発行）

追悼　澁川謙一大人命を偲ぶ

理想的神社本庁職員澁川教学部長にお仕えして

去る平成二十六年四月三日、諏訪大社名誉宮司澁川謙一先生の訃報に接し愕然とした。先生は第一線で半世紀以上、戦後の神社界を牽引して来られた数少ない指導者のお一人である。私は神社本庁に奉職後暫くして、神社本庁職員のお手本を澁川教学部長に求めることにした。その後三十年近く神社本庁に勤務できたことは、何とも仕合わせなことであった。

昭和五十一年に澁川教学部長所管の下、神社本庁中央研修所制度が動き始めて、伊勢の神宮道場で二月十九日より、七月十日までの間に、明階基礎研修、正階基礎研修、中堅神職研修、指導神職研修の四種類（各十日間）の研修が逐次開講された。

私は七月十五日付で調査部兼教学研究室勤務より「教学部勤務を命ず　兼ねて中央研修所事務員」となった。澁川教学部長は五十五歳で中央研修所事務長も兼務されていた。私は二十八歳で課長に相当する主事が空席のため、部長より直接指示を受ける立場となった。主に中央研修所の担当で、以後年間百日以上伊勢に出張、神宮道場で過ごすことになった。その後、大森利憲氏が神社新報記者より主事として教学部に勤務することになった。

翌昭和五十二年七月十三日、津地鎮祭裁判の最高裁判決が下された。その四～五日前から最高裁前のビルの一室に籠り路上を監視、原告支持者が傍聴券獲得のために集まり始めると、最高裁近く赤坂の日枝神社に待機していた神社関係者に連絡し、共に最高裁前路上に移動、二日間路上生活をした。判決当日、判決が下されると神社関係者と共に最高裁前の路上から神社本庁講堂に移り、報告集会が行われた。

神社本庁篠田康雄総長出席のもと澁川部長が中心となって経過報告や判決内容の解説がなされた。その日は、伊勢の神宮道場での指導神職研修最終日、その担当をしていた大森利憲主事から受講者に動けない病人が出たとのこと。長野までレンタカーで送るため応援の要請があった。Tシャツ、ジーパン姿で報告集会の司会を務めていた私は、すぐその応援に行けとの部長から命を受けた。伊勢からレンタカーで長野に向かう大森主事と途中で合流して、その夜十二時頃、長野の目的地に到着無事任務を終えた。

翌朝早く、足が腫れて一刻も早く病院に行くべきところを、研修を終えた老宮司は、白衣に袖を通そうとしていた。約束でどうしても地鎮祭に行くという。見るに見かねて、大森主事と施主の家に向かい、地鎮祭を済ませて、伊勢にトンボ返り、翌日からの別の研修に備えた。

それから三カ月後の十月二十七日朝、過激派の仕掛けた爆弾による爆破事件が神社本庁で起きた。私は、伊勢の研修勤務から帰って神社本庁二階の自席にいたが、その真下での爆発であった。負傷者が数名、軽傷であったことは、不幸中の幸いであったが、澁川部長は時局対策本部担当者として予防策を講じなかった責任を取るといって、懲戒免職をも含む内容の進退伺いを篠田総長に提出された。その後、臨時役員会が開催され、それが終わると篠田総長より、「善後策の実施に努力せよ」と進退伺いは澁川部長に返された。

昭和五十三年には、教学研究室長を兼務、さらに秘書部長も兼務されることになった。翌年四月、秘書部長専任となられたが、七月には、箱根神社宮司に転任された。

お仕えしたのは三年足らずの日々であった。澁川教学部長は難しい諸問題を使命感、責任感、正義感を駆使してその解決に当たっておられた。

ある早朝、神社本庁の宿直任務で国旗を掲揚していると道路をはさんで対面する神社会館玄関先で、手足を伸ばし柔軟体操をしている澁川部長と川井清敏組織渉外部長の姿があった。葦津珍彦先生の講義が先程終わったとのこと、元号法制化運動や津地鎮祭訴訟など多くの課題があり、このような徹夜での勉強会は度々行われていたのである。

教えることは学ぶことでもある。その意味でも澁川先生は余人を以て代え難い教学部長であった。講義や講演も積極的にこなされ、論文等原稿の執筆にも怠りはなかった。講演前には、講演ノートを作成、講演相手が違うと演題が同じでも必ず改めて執筆されていた。講演時、ノートに目を落とされることはほとんど無く、時々右手でページが捲られていた。

本庁の事務的業務以外にも、私に様々な命が下った。「研修所で講義せよ。地方に出向いて講演せよ。月刊若木や神社新報に原稿を書け。研究論文も発表せよ。鶴岡八幡宮季刊雑誌『悠久』の編集委員に紹介したから務めよ。國學院大學の兼任勤講師も推薦したから務めよ」などなどである。徹夜の勉強会を重ねながら本庁業務に邁進される部長は、使命感に欠けて逃げ腰の私にも高いハードルを要求されたのである。

昭和五十八年、再度澁川先生に秘書部主任主事としてお仕えすることになった。箱根神社より神社本庁に事務局長として帰って来られたのである。局長は黒神直久総長のもとで神社本庁庁舎移転問題に取り組んでおられたが翌年末、進捗の遅滞に責任を取るとして辞表を出された。黒神総長は総ての責任は総長にあると強く慰留されたが、その意志は固く職員トップとしての責任として辞任されたのである。

私は、平成三年七月一日に総務部長職を拝命し、平成十年六月三十日にその職を辞するまでの七年間絶えず難題に遭遇、能力のなさを嘆きつつも、多少の使命感と職員代表としての責任感を意識して、兼任講師や編集委員も務めながら悔いなく本庁勤務に勤しむことができた。

そして、私もある事件の対応の責任を取り辞表を出して、神社本庁を去った。これも偏に神社本庁職員としてのよきお手本澁川先生の存在があったからに他ならない。

思い出の一部を紹介し感謝と敬意を表しつつ澁川先生のご冥福を心よりお祈りする。

（「神社新報」平成二十六年四月二十八日）

私の原点

――水稲神社名誉宮司 齊藤直芳

明治三十四年〜昭和四十五年　六十八歳

齊藤直芳《さいとうなおよし》は、明治三十四年十二月十二日、東京都新宿区高田町鎮座の穴八幡神社にて齊藤政吉の次男として出生。早稲田中学校卒業後、大正十四年三月二十日、國學院大學大学部国史科卒業、四月一日付で、早稲田中学校専任教員となり公民科修身を担当している。六月二十四日、穴八幡神社・水稲荷神社・天祖神社社掌に補せられたが、昭和二年六月十四日、社掌を依願免職となっている。

その後、早稲田大学に入学、昭和六年三月二十五日、同大学法学部英法科を卒業している。早稲田中学の教員を勤めながら早稲田大学に学んだのか一端退職して同大学に学んだのかは不明である。

昭和十一年四月三十日付の「早稲田中学教職員表」には、就職年月日が大正十四年四月一日とあり、職名は教頭となっている。

昭和四十一年頃、私が、本人から聞いた話では、早稲田中学を卒業して十年後に同校の教員になり、その十年後に教頭になった。その時、自分が中学時代に教わった先生が在籍されていて、恩師を飛び越してしまったとのことであった。

昭和十三年十二月二十八日、叙正七位。その頃、宮崎神宮では紀元二千六百年奉祝記念事業として流鏑馬馬場を建設し、昭和十五年四月、宮崎神宮流鏑馬保存会が結成された。宮崎神宮河合繁樹宮司は、流鏑馬神事全般の指導を、小笠原流宗家に要請した。齊藤は、その命を受けて騎射実技の指導に宮崎まで足を運んでいる。四月二十九日、叙勲六等賜単光旭日章。

戦後、昭和二十一年二月三日、宗教法人令に基づく宗教法人神社本庁が設立された。昭和二十一年五月一日、神社本庁より明階授与。十二月十二日、任水稲荷神社宮司兼天祖神社宮司。昭和二十六年七月十七日、二級神職を以て待遇さる。昭和二十七年兼市ヶ谷八幡神社宮司となる。

昭和三十二年三月、國學院大學文学部史学科を卒業した長男直忠は、縁あって宮崎県の県立高校の教諭として宮崎県に赴任、父直芳の後継として、宮崎神宮の流鏑馬騎射実技指導を長年にわたり担当した。

昭和三十三年、高円寺氷川神社特任宮司。昭和三十四年五月二十六日、神社本庁評議員会で全国区理事に選任され六月四日付で就任した。

尚、本評議員会では、南極地域観測第二次越冬隊員の使命達成と留守家族の平安を祈念して「南極探検隊越冬並家族慰問に関する件」が上程され、本会議で満場一致を以て可決された。

この決議に従って、富岡盛彦事務総長他役員が手分けをして、留守家族慰問が行われたが、齊藤理事は、七月七日、若井登氏宅（川口市）、十一日、清野善兵衛氏宅（柏市）、平山善吉氏宅（千葉市）を担当し、慰問している。

昭和三十六年一月十九日、國學院大學提出学位請求論文『明治前造兵史』で文学博士号を受けた。

昭和三十七年三月十四日、神職身分二級上となる。昭和三十九年二月三日、神社本庁規程表彰受彰。昭和四十年三月二十五日、浄階授与及び神職身分一級となる。六月二十五日、兼花園神社宮司。東京都神社庁新宿支部長、東京都神社庁理事、早稲田中学校理事、神社本庁評議員等歴任している。

私は、昭和四十一年四月初旬から四十三年三月二十日まで、二年間実習生として水稲荷神社社務所に住み込みで指導を受けることができた。社務所障子の張り替えや、境内や社殿の清掃、袴の穿き方、食事の作法、古典や有職故実等多岐に亘る神職として最低限必要と思われる技能や知識を簡潔に教授された。

齊藤宮司は、夏季は毎朝五時半、冬季六時起床、和服に身を包み、袴を穿いて神前にて太鼓を打って参拝後、境内の一角にある弓道場へ進み弓の稽古、そして朝食という生活を欠かすことは無かった。朝食は毎日、宮司と二人であり、その時必ず、小言も含めて一つのことを教えて頂いた。その内容の多くを、今も心に刻んでいる。

この二年間で、宮司が洋服を着た姿を一度も見たことは無かった。背筋を伸ばして、和服姿で颯爽と歩く姿が、眼底深く残っている。月に一度、社務所の一部屋で刀の鍔の研究会が開かれていた。たしか日本愛鍔会例会場という看板が掲げられていたように記憶している。また週に一度、夜間に社務所で小笠原流礼法の稽古も行われていて、十名前後の人々が起居進退や木馬に跨っての流鏑馬の指導などを受けていた。

宮司は、昭和四十三年五月まで三期九年間、神社本庁理事を務めている。昭和四十四年七月二十日付で水稲荷神社他兼務社総ての宮司を辞任。八月二十日付で、水稲荷神社名誉宮司の称号を授与された。

昭和四十五年三月二日、逝去。著書『明治前造兵史』『遊洛斉赤文考』『日本の弓』他。

（『戦後神道界の群像』　神社新報社　平成二十八年七月八日発行）

久能山東照宮名誉宮司　松浦國男

大正五年～平成十四年　八十六歳

松浦國男《まつうらくにお》は、大正五年一月二十一日、静岡県榛原郡吉田町鎮座の旧郷社片岡神社社司松浦廉之助の次男として出生。地元旧制榛原中学校を経て、國學院大學高等師範部一部に入学、昭和十三年三月二十日に卒業した。三月二十五日無試験検定により学正を授与された。

本来長兄が神職を継ぐ予定であったが、教職の道を選んだため、父より在学中に神職資格を取得するように懇請され、神社界に進むことを決意する。卒業後は、国幣小社砥鹿神社に奉職予定であったが、奉職の話を進めていた宮司が転任となり、主典の採用枠がないことを理由に採用中止となった。

松浦は、就職浪人となることを覚悟したが、何とか奉職したいとの一念で官幣大社日枝神社宮西惟助宮司に相談､紹介を得て卒業と同時に和歌山県官幣大社熊野坐神社に奉職が決定した。同年八月三十一日、名誉主典に補され、翌十四年八月三十一日、主典となる。

昭和十六年三月三十一日､官幣中社熊野那智神社主典に転任する。昭和二十年六月二十七日、禰宜に昇進した。熊野での奉仕は、両社共に多数の宝物を所蔵していたことから、松浦が晩年まで熱心に取り組んだ文化財保護活動の素地を培うこととなった。

終戦後の昭和二十一年二月神祇院が解体となり、職制廃止につき自然退職。六月三十日、神社本庁より明階が授与され、七月一日付であらためて熊野那智神社禰宜に就任した。終戦と同時に、占領軍兵士は全国の著名神社の取り締まりと称して、神社所蔵の刀剣類を没収する事件が多発した。熊野那智神社も例外ではなく、通訳の二世を同行し来社、刀剣類の提出を指示されたが、本殿内に宝物総てを納め、断固として進駐軍兵士要望に対処した。

昭和二十三年三月十九日付で静岡県の久能山東照宮に転任、五月三十一日付で禰宜に就任したが占領下でもあり、進駐軍の神社所蔵の刀剣類を没収する流れは続いていた。一時は、終戦連絡事務局の指示で刀剣類を移動する事態となったが、職員二名で宝物から離れず、一振りも没収されることなく無事に帰還した。

昭和三十二年一月十五日、地元の氏神である根古屋八幡宮宮司を兼務。昭和三十六年六月三十日、神職身分二級昇進。昭和三十七年三月三十一日、静岡県神社庁静岡安倍支部監事に選任さる。昭和三十八年七月三十一日、久能山東照宮権宮司に昇進、初代権宮司となる。

昭和三十九年八月二十日、副支部長に選任さる。昭和四十四年九月九日、神職身分二級上。昭和四十六年三月十七日、神社庁静岡支部長に選任さる。昭和四十九年六月二十四日、久能山東照宮宮司・久能山東照宮博物館館長に就任し、全国東照宮連合会副会長に、六月二十八日、静岡県博物館協会会長に選任された。

昭和五十一年十月十八日、博物館事業に顕著な功績ありとして日本博物館協会表彰を受けている。昭和五十二年三月四日、神職階位浄階とともに神職身分一級を授与さる。三月十七日、静岡県神社庁副庁長に選任され以後二期六年務める。四月一日、東海地区博物館連絡協議会会長にも就任した。九月八日、全国重要文化財等所有者連絡協議会東海・北陸地区幹事に就任した。

昭和五十三年十月二十七日、静岡県重要文化財等所有者連絡協議会会長に選任されている。十一月十五日、安居神社、古宿八幡宮、天羽衣神社宮司も兼務することになった。昭和五十六年十一月五日、永年の博物館活動に多大の功績ありとして、文部大臣表彰を受けている。十二月十三日、財団法人神道文化会評議員を委嘱された。

昭和五十七年二月三日、神社本庁表彰規程第二条第一号該当表彰状を授与さる。五月十九日、静岡市観光協会常任理事に、六月十一日、日本博物館協会評議員、六月十八日、静岡県文化財保存協会理事に選任されている。昭和五十八年三月三十一日、神社本庁評議員、四月一日、國學院大學評議員となり、六月二十四日、静岡県文化財保存協会会長となった。昭和五十九年六月十一日、財団法人静岡県埋蔵文化財調査研究所評議員に、二十九日、日本博物館協会理事に選任されている。

昭和六十年七月十八日、全国重要文化財所有者連盟代表幹事に就任。昭和六十一年四月一日、神道政治連盟静岡県本部長に選任され、京都国立博物館保存修理所運営委員会委員を委嘱されている。十一月二十日、石州流華道高林会会長に就任。昭和六十二年二月三日、神職身分特級となった。

平成元年六月六日、全国東照宮連合会会長に選任された。平成四年六月十二日、神道政治連盟中央委員会議長に選出され、十五日、社団法人全国国宝重要文化財所有者連盟理事長に就任した。十月二十六日、多年に亘る警察官友の会役員としての貢献に対して静岡県警察本部長より感謝状が授与されている。

松浦は、晩年「文化財保護は大変地味な仕事であるが、文化財に課せられた保存と公開の義務を果たすべく活動を続け神徳宣揚と神道教化に社会教育にと文化財を活用」しなければならないと述べている。こうした長年に亘る文化財保護と活用に貢献した功績により、十一月二十日、文化庁長官表彰を受けた。さらに平成十二年五月十一日、内閣総理大臣より銀杯が下賜されている。

平成十四年二月二十八日、久能山東照宮宮司依願退職。三月一日には、宮司辞任に伴い三十数団体に及ぶ団体の役職の辞任願いを各団体に提出した。三月十五日、久能山東照宮名誉宮司の称号が授与された。五月二十九日逝去。

（『戦後神道界の群像』神社新報社　平成二十八年七月八日発行）

小川晶久先生追悼の辞

小川晶久先生のご逝去を悼み、謹んでお悔やみ申し上げます。

先生は、昭和十四年一月十二日東京で御出生。旧清水市内の小中学校、清水東高校を経て、東京藝術大学音楽学部器楽科（チェロ専攻）をご卒業されています。

先生との出会いは、清水地区の人々を中心に西川昭策さんが主宰されておりました異業種交流会「ころころ会」でした。平成二十年の名簿には、七十三名の会員名が登録されております。

小川先生は、初代会長江川董先生の後、第二代会長をお勤めになりました。

ところで、久能山東照宮では平成二十七年に御鎮座四百年大祭を迎えました。四月十七日を中心に神社では五日間祭典が斎行されましたが、平成二十七年の一年間にその奉祝事業として数多くの「徳川家康公顕彰四百年記念事業」が開催されて、四百年祭を盛大に盛り上げて頂きました。

その一つに、小川先生が音楽監督として主宰されました「みんなのコンサート」があります。このコンサートは、次のような経緯があります。

平成二十六年十二月二十三日午後、小川先生ご夫妻が久能山東照宮の宮司室にお見えになりました。ご用件は、毎年開催している「みんなのコンサート」を来年は、家康公顕彰四百年をテーマにしたいので、何か意見をという大変有難いお話でした。

その時、久能山東照宮や家康公の郷土唱歌が三百年祭記念で作られたが、現在殆ど歌われていないことや、四百年以上前にスペイン船が千葉県御宿町に難破、遭難者を家康公がメキシコに送り届けたので、家康公はスペイン国王から時計を送られた話に関連し、御宿町に合唱組曲「あの日を忘れない」を歌っているコーラス愛好会があること等を話しました。

するとその愛好会を「みんなのコンサート」に特別出演できないだろうかということになり、十二月二十八日、予てより親しい付き合いのある石田義廣町長の携帯に電話すると、新年五日の御用始めの最初の仕事として、愛好会に出演の交渉をするとのことでした。

新年になって、石田町長より電話があり、喜んで参加しますとのこと。コンサート当日、石田町長もマイクロバスに同乗して参加して頂きました。石田町長より、到着早々、コーラスメンバーの中に、バイオリニスト黒沼ユリ子先生がおられるということでご紹介を頂きました。開演前に、小川先生にそのことを伝えると、演奏会でご一緒されたことがおありとのこと、わずかな時間でしたが、お会いになって旧交を暖めておられたことを思い出します。

五月五日、午後二時より、静岡市清水文化会館マリナート大ホールにて、開催された「徳川家康公顕彰４００年　四世代をつなぐ心の歌～第11回　みんなのコンサート」は、「第一部　家康公ってどんな人!?」「第二部　夢は世界へ」の構成で、第一部は、「郷土唱歌　久能山」や大正四年の三百年祭の歌「徳川家康公」でした。これらの歌は、殆どの方が、初めて耳にされたのではないかと思います。

家康公四百祭に相応しい歌を探して頂き、短期間で練習されて、先ずは、二月三日に開催された久能山東照宮の節分祭でご披露頂きました。小川先生の指揮、奥様尚子様の伴奏による児童合唱が、雄大な駿河湾を背にした東照宮神前の節分祭舞台で声高らかに響き渡りました。

第二部では、静岡県郷土唱歌「徳川家康」そして特別賛助出演の千葉県「おんじゅくコーラス愛好会」の合唱組曲「あの日を忘れない」さらに南荘宏先生作曲の「家康公４００年記念song　未来のために」が紹介、披露されました。

「ころころ会」でご縁を頂き、「徳川家康公顕彰４００年　四世代をつなぐ心の歌～第11回みんなのコンサート」で、当宮四百年祭に花を添えて頂きありがとうございました。
先生のご冥福を祈り、お別れの言葉とします。

（「故小川晶久献花式」於ルードウィッヒ音楽院　平成三十一年二月十日）

西川昭策さんとの想い出

平成十一年三月二十一日付で久能山東照宮権宮司を拝命した。当時の松浦國男宮司より、三年後に宮司職を譲るので、後を頼むとのことであった。「平成二十七年に迎える久能山東照宮御鎮座四百年大祭を責任もって斎行せよ」とのこと。その為に先ずは、社殿の漆の塗り替え等の修理事業を完成する必要があった。

宮崎県出身で、静岡とほぼ無縁の自分は、何をすべきかいろいろ考えていた。その一つに、地元の人々との交流の重要性は充分認識していたものの糸口を掴めずにいた。

ある日、姫岡恭彦権禰宜が、地元の人と定期的な飲み会をしているが、一緒にどうかと誘ってくれた。平成十二年九月二十五日夕刻、市内の「おこん」という居酒屋で、舘林欽作氏、大石三郎氏、山田幸夫氏に初めてお会いし五人で楽しい懇親会の仲間入りとなった。その後、この懇親会は参加者に若干の出入りがあり、不定期に幾度となく重ねられて行った。

平成十四年三月一日付で私は宮司に就任した。その後も「おこん懇親会」は続いたが、ある時、舘林欽作氏が、「ころころ会」の話をした。清水に日本閣という旅館があり、その社長西川昭策氏を囲む異業種交流会がある。自分も大石三郎氏も参加している。宮司のことを西川さんに話したら、是非「ころころ会」に連れてこいとのことで、行くことになった。平成十五年四月六日、舘林さんに連れられて、姫岡権禰宜と初めて「ころころ会」に出席、この時、西川さんにお会いし歓迎されたことを覚えている。

この会は、昭和五十年頃、西川さんと江川董先生を中心に自由に語り合う有志の集まりから始まり、昭和五十五年、名称が「ころころ会」となったという。西川さんは、清水区の有東小学校のPTA会長、江川先生は教頭から校長という関係だったようだ。

手元にある平成二十年の会員名簿には七十三名の名前が載っている。西川さんを中心にした会であるが、会長に江川先生を立てて、裏方に回るところに西川さんの人柄が見えて、またみんなに細かな気配りをされる魅力的な人であった。

最初の会で西川さんから、次回は何か会員に話をせよとのことで、六月二十八日に「古典に学ぶ」という題でミニ講演をさせて頂いた。十月十三日午後には、会員有志で久能山東照宮にご参拝の後、夜は日本閣バーベキューパーティーに参加している。

会を重ねるうちに、西川さんから、日光東照宮に参拝したいので案内するようにとのこと、平成十六年九月二十九日・三十日で行くことになった。江川会長は、奥様同伴であった。新婚旅行に日光に来られていたので、想い出の地に奥様とご一緒にということであった。

夜の宴会の席だったと思うが、奥様は会長の教え子だったということが分かった。誰かが「教え子の奥様とは、いつ頃何処で」とか何とか、含みのある問いを発すると、会長は、「残念ながら君たちが期待しているような不純な付き合いから始まった結婚ではない」と言って、新婚初夜の話を始められた。会長の口元に注目して一分も経たぬ内に、そこにいた者みんなが、ひっくり返って笑いこけた。その状況と内容を正確に表現する文才を持たぬ故、割愛するが、江川先生の真面目なお人柄が偲ばれるのである。

平成十七年九月二十八日・二十九日、ころころ会伊勢神宮参拝旅行に、姫岡権禰宜とともに参加している。平成十八年九月二十八日・三十日には、ころころ会出雲大社参拝旅行に同行して、案内役を務めている。

平成十九年二月二十八日、西川さんの厚生労働大臣表彰祝賀会が、清水区のエリザベートで開催され、発起人の一人として挨拶したことが、手帳に記されている。この会で、西川さんの交友の広さや、その豊かな人間性を再確認したのであった。

平成二十年二月二十二日午後、急に駐日メキシコ合衆国大使ミゲル・ルイス・カバーニアス氏、アルマンド・アリアガ参事官、三好勝翻訳官が、久能山東照宮に来られることになったので、西川さんの携帯に電話をいれると、すぐ山に来られた。

西川さんは、昭和五年に静岡県相良町で出生されたが、昭和六年には父親が技術移民としてメキシコへ、七年後には母親も父のもとに海を渡ったという。姉と日本に残った西川さんには、メキシコ生まれの四人の弟妹がいる。スペイン語を上手に話し、四人の弟妹とも深い絆に結ばれて、メキシコの少年たちを清水での草サッカー大会に招待するなど、日墨交流に多大の貢献をされた方でもある。メキシコから少年たちが清水に来ると、必ず久能山東照宮に案内されて、境内が賑やかになったのである。

家康公の時計に会うために来られたメキシコの大使一行に、西川さんを紹介した。大使の久能山東照宮での予定は、二十分と聞いていたが、西川さんとの話も弾んで二時間滞在された。大使の次の予定はキャンセルされたようだった。

「こころころ会」の多くの会員と久能山東照宮とのつながりも広がった。個人的に参拝されて、宮司室に顔を出されたり、経営される会社での講演を依頼されたりした。小学校時の同窓会の幹事になった、みんなを連れていくので正式参拝をしたいという話もあった。

会社の経営を長男に譲り、引退することになった。「こころころ会」ではいい思いをさせて頂いた。感謝の気持ちを込めてと多額の奉納金を神社に持参された方もいる。それもこれも西川さんの繋いで頂いたご縁によるものと深く感謝している。

平成二十四年十一月十九日、西川さんの告別式で最後のお別れの時を迎えた。御厚誼に感謝してご冥福を祈りたい。

（『心に残る西川さんと私　思い出の記録』）　編集委員会　令和二年六月発行）

九　その他

寄稿、挨拶、書評

『はかなき学び』再版に寄せて

私は、以前に野澤正直先輩のお書きになった『はかなき学び』を拝読し、今後の葬儀のあり方、特に神葬祭のあり方について一層の関心を持ちつつ、今日に至っている。

あれからどれ位の時が経ったか、正確な記憶はないけれど、野澤先輩と今後の神葬祭のあり方などについてのかなり突っ込んだ話などを肴に、幾度か酒杯を頂きつつ、御指導に預かったことが、懐かしく思い出されるのである。たしか小田急線の祖師ヶ谷大蔵駅の近く、野澤先輩の所有されているビルの中の居酒屋が多かったように思う。

先日久しぶりに電話を頂き、「この度『はかなき学び』の増補改訂版を刊行することになったので序文を頼むよ」とのことであった。勿論私が、大先輩の著作に序文を副えさせて頂く任にないことは、百も承知しているものの、今までお世話になり、散々ご馳走になった先輩からの直接の話、分を省みず受けることにした。やがて分厚い初稿の束が届き拝読し終えたところである。

戦後、神社界は昭和二十一年二月三日に神社本庁を設立、そこを拠点に全国の神社人が結集、新たなる夜明けを迎えたのであった。野澤先輩は設立当初の神社本庁職員をお勤めになった方であり、私はそれから二十五年も後、昭和四十六年から平成十年までそこに勤めた。つまり、かつての職場の大先輩ということになるのである。

設立間もない頃の神社本庁では、いつＧＨＱ（連合国軍最高司令官総司令部）から無理難題が出され、全国の神社が不当に弾圧されるのではという緊張感を背負いつつ、神社奉護と神社界発展の基礎を築かれたのである。

その頃野澤先輩の神社本庁同僚に宮地治邦先生が居られた。私は宮地先生から、母校國學院大學で『歎異抄』の講義を受けたことがあるが、このお二人は、ともに神社本庁を離れて、別々の道を歩かれるようになっても、お住まいが近いこともあり、時々会われては「墓」や「神葬祭」を中心に話の花が咲いていたようである。宮地先生のご尊父は、著名な神道学者宮地直一博士で、私の大学・大学院時代の恩師西田長男先生は宮地博士の直弟子に当たる。

本書を読んで頂ければ分かることであるが、『古事記』『日本書紀』という神道を学ぶための基本的古典をはじめ、漢籍、洋書、週刊誌、新聞記事さては広告チラシまで主題を追いかける目が光っており、仏教、キリスト教等の他宗にも届いているのである。専門的視点と幅広い視野を持って学びつつ、また宮地先生他親交深き人々との交流の中で磨かれて、長年熟成されたものといえよう。

主題「はかなき学び」は、もともと「墓」は「はかないもの」であること、人の死後納まる所であるが、自分が自分の手では作ることができないもの、地球の環境問題等を視野に入れると、ある程度の敷地と墓石を必要とする従来の墓地墓を作り続けるには限界と問題があること、命の再生能力に限界のある地球上で人類が今後も、心身ともに豊かに生きて繁栄していくためのキーワードは「森との共生」であること、したがって墓は墓石墓を離れて、「以樹代墓」が望ましいとの提言がなされているのである。

私は以前、ある神葬祭事典の総論を執筆したことがある。したがって時々神職の研修会等で神葬祭についての講義を担当することがあるが、最後に「弥栄の森」「以樹代墓」の話をして終わることにしている。そしてこの構想が必ずや、現実のものとなるように、一神職として努力してみたいとも思っている。

ここに本書のために注ぎ込まれてきた情熱、飽くなき探究心に敬意を表しつつ筆を擱く。

(『はかなき学び　増補改訂版』野澤政直著　株式会社近代出版社　平成十七年十月二十四日発行)

理想の神職像を求めて

昭和四十一年四月、國學院大學の門を潜ってから、五十年の歳月が過ぎた。以来水宮恒氏と共に神職の道を志し神職となって今日に至っている。

この度、畏友たる水宮神社宮司水宮恒氏が、『御神威の発揚に努めて』を上梓されることになり、心より喜びお祝い申し上げたい。送られてきた初稿を拝読し、大学入学時以来、神職の理想像を求めて歩いて来た半世紀、その真面目な姿を読み取ることができた。

学生時代、「神職になるための教養として易学、雅楽、書道などを学ぶ必要がある」とよく口にしていたことを思い出すが、それを確実に有言実行したことになる。

卒業後は、荒川区の素盞雄神社に奉職、能圓坊茂宮司の指導を受け、二年後には、宮城県の志波彦神社・塩竈神社に転任して、学識深い押木耿介宮司の謦咳に接している。このようにして神職に必要な学業を確実に身につけ、昭和五十二年、埼玉県敷島神社他五社の禰宜として、本格的に御神威の発揚を求めての教化活動が開始されているのである。

「新しい土地にきて氏子の人々に自分を知っていただくためには、まず家庭訪問と思い、大麻頒布を通じて挨拶に出向いた」という。これを自分の意思で始めて、継続することは、至難の業であり神職の鏡ともいうべきことで、私も若干の神宮大麻頒布経験がある同職として、深く敬意を表する次第である。

高校の時、陸上競技をしていたが、母親から、それで「おまんま食えるのか」と諭され、熟慮の後、國學院大學に進学したという。

私は高校球児で、社会人野球チームに気が向いていると、父親に同じことを言われた。共に親の深い愛情に包まれ、神々の御加護を頂いて宮司として神明奉仕の人生を歩いていることになる。

水宮恒宮司の益々のご健勝ご活躍を祈り、発刊の祝辞としたい。
（『御神威《ごしんい》の発揚《はつよう》に努めて』水宮恒著　水宮神社　戎光祥出版株式会社企画　平成二十八年三月十八日発行）

東日本復興支援チャリティ・コンサートに寄せて

常日頃、株式会社アイワ不動産藤井嗣也社長には、公私に亘り大変お世話になっています。この度、株式会社アイワ不動産におかれては、東日本復興支援コンサートを企画、収益金の全額を、岩手県大槌町の復興支援のために寄付されるとのことです。とても素晴らしい話で、さすが静岡市を代表する企業の社会奉仕活動、頭の下がる思いが致します。

ところで、今回のコンサートは、スペインの天才フラメンコギタリスト、ホセ・マヌエルカーノ氏と日本のフラメンコギター第一人者吉川二郎氏の夢の共演ということです。

藤井社長は、遠く四百年以上も前に、日本とスペインとの交流の原点が、駿府に大御所として君臨された家康公にあることに注目されて、この企画を進めてこられたとのことです。

大御所として晩年を駿府に住み、駿府の街づくりを開始された慶長十二年（一六〇七）より四百年以上の伝統と歴史を持つ静岡の街にあって、その重みと意味を絶えず意識しながら、新たな街づくりを考えて仕事をされているアイワ不動産にあればこそ、岩手県大槌町の伝統と歴史を意識しての街づくり復興支援に役立ちたいという発想に繋がっていることが理解できます。家康公は、駿府の街づくりと同時に、日本の国づくりの基礎に教育を置き、そのために必要な書物を確保するために銅活字の鋳造を進め、国際交流では平和外交を標榜されて、積極的に諸外国に平和的交流貿易を働きかけています。

そんな中にあって、慶長十四年（一六〇九）九月三十日、スペインのガレオン船が、千葉県御宿町の海岸に暴風雨のため漂着、三七三人の船員の内五十七人が溺死、地元の海女さんたちが三一六人を救助、その翌年、家康公は彼らのために船を用意してメキシコのアカプルコまで送り届けました。

スペイン国王は、家康公の行為に感謝して、慶長十六年（一六一一）、セバスチャン・ビスカイノを日本に遣わして、駿府にいる家康公に面談、さまざまな贈物をしています。その中に、スペイン国王が大切にされていた金銅製洋時計があり、家康公が薨去されると、二代将軍秀忠公の命により、久能山東照宮に収められます。

今年の六月には、英国大英博物館より、時計の専門家が来日調査、この時計は時計発達史上極めて高い価値を持つ世界唯一のものと評価しました。今年中には、ヨーロッパの時計学会で、このスペイン製時計の学術的研究が発表されると聞きます。このような年にこの意義あるコンサートが開催されますことを、心よりお祝い申し上げます。

（「東日本復興支援チャリティ・コンサート」プログラム　於静岡音楽館ＡＯＩ　平成二十四年十一月二十七日）

『久能山誌』あとがき

国指定史跡久能山には、静岡県内で唯一の国宝建造物の社殿を中心に、十数棟の重要文化財建造物群及び国宝を含む数多くの重要文化財美術工藝品を収蔵する久能山東照宮博物館他の施設があります。また、特異な地形、地質、植生など自然科学の分野でも注目される場所であり、年間四十万人以上の参拝者をお迎えしています。

静岡市に於かれては、この市を代表する文化財の宝庫ともいうべき久能山に焦点を当て、総合調査事業を実施して頂くことになり、五カ年の歳月をかけて、その成果がこの度『久能山誌』として上梓されることになりました。田辺信宏市長の、すでに有るものに磨きをかけて、より価値を高めていこうという政策の具体例でもあります。

平成二十七年は、久能山に東照宮が創建されて、満四百年になります。この記念すべき年に本書が刊行されて、静岡市民のみならず多くの人々が、久能山の歴史や文化財に更に理解を深めて頂ければ幸いです。最後になりましたが、調査研究に携われた各分野の先生方及び関係各位に深く感謝の意を表します。

久能山総合調査委員会委員長

（『久能山誌』静岡市編集発行　平成二十八年三月二十二日）

徳川家康公顕彰四百年記念献茶式

平成二十七年は徳川家康公が駿府城で薨去され、久能山に東照宮として御鎮座されて四百年という記念すべき年になります。久能山東照宮では、御命日であります四月十七日の御例祭を中心に前後五日間に亘り、御鎮座四百年大祭を斎行、数多くの崇敬者に御参拝頂きました。

この記念すべき年を、奉祝するために静岡商工会議所では、浜松、岡崎の商工会議所とも密に連携をとりつつ多様な徳川家康公顕彰四百年事業を展開して頂きました。中でも特筆すべきは、九月二十四日に、東照宮神前にて執り行われた献茶式が挙げられます。この献茶式は、表千家家元而妙斎宗匠ご奉仕、猶有斎若宗匠随行のもと濃茶薄茶が千家の再興に尽力された御祭神徳川家康公のご神前に献上されました。ご奉仕頂きました表千家家元而妙斎宗匠に深く感謝申し上げます。

千利休の子息千少庵は、利休切腹後会津の蒲生氏郷公のもとに蟄居を命ぜられましたが、文禄三年(一五九四)、徳川家康公・蒲生氏郷公のとりなしで赦されて京に戻り、千家(京千家)を興しました。そして少庵の継いだ京千家の系統(三千家：表千家・裏千家・武者小路千家)が現在に伝わっている故事にちなみ、意義深い四百年祭奉祝行事となりました。この献茶式を主催して頂きました静岡商工会議所会頭後藤康雄様、また諸準備等献身的ご奉仕を頂きました表千家同門会静岡県支部支部長鈴木与平様にも厚く御礼申し上げます。

徳川宗家十八代徳川恒孝様ご夫妻をはじめ、当宮総代各位さらに静岡県知事川勝平太様他関係者のご参列を頂きました。有難う御座いました。

（表千家同門会静岡県支部会報『同門静岡』第二十七号　平成二十八年三月三十一日発行）

徳川歴代将軍名宝展　久能山東照宮挨拶

平成二十八年四月は徳川家康公が薨去（他界）してから満四百年という節目の年にあたります。

この度、四百年という節目を記念し、久能山東照宮では伝世の文化財を各地で広く公開し、社会教育の一助と御神徳の高揚を図る展覧会開催に着手しました。その第一弾を「神話のふるさと」として有名な宮崎の地で開催できるのは、まさに御神徳の賜物です。主催者をはじめとする関係各位のご尽力とご協力に感謝申し上げます。

徳川家康公が征夷大将軍に任ぜられた慶長八年（一六〇三）から慶応三年（一八六七）の大政奉還までの二世紀半にも及ぶ江戸時代、徳川将軍家は全国諸大名の頂点に君臨し、武家の棟梁としての文化・伝統を築き上げました。これは世界史的に見ても稀有な長期に亘る太平の世（大きな戦乱がなかった）という、日本が誇る政治の安定期がもたらした賜物です。

この度の宮崎展では、「国宝・久能山東照宮」「徳川将軍家の武威」「徳川将軍家の名宝」という三つのテーマにそって、武門の象徴である武器武具・歴代将軍の遺品・幕府と諸外国との交流を伝える歴史資料などを紹介し、年表・パネル・映像資料を用いてわかりやすく解説します。

久能山東照宮の文化財の公開を旧宝物館で試みたのは、古く大正初期です。その後、昭和四十年に御鎮座三百五十年祭が斎行され、これを機に社会の要望に応えるべく、博物館を創設しました。以来、文化財の保存・調査・研究・顕彰に加え、微力ながら社会教育機関としての活動に努めてきました。

願わくば、本特別展が久能山東照宮伝世品を中心とした文化財への理解に繫がり、そして皆様の国宝久能山東照宮参拝への入口に繫がれば幸いに存じます。

（久能山東照宮宮司・久能山東照宮博物館館長　平成二十九年四月八日）

講演集『みちのくのいのり』序文

第三十二回神道講演全国研修大会は、平成二十七年七月十九日から三日間、岩手県盛岡市に御鎮座の盛岡八幡宮御神域にて開催されました。北は北海道から、南は鹿児島まで全国各地より盛岡八幡宮の境内に結集して、まずは、神前にて東日本大震災及び今年発生した熊本大震災復興祈願祭を斎行、参加者心を一つにしてそれぞれの地の一日も早い復興を祈りました。また大会会場には、熊本大震災に対する募金箱が設置され、集まった支援金は熊本県神社庁に送られました。

さて、神職の実践綱領である「敬神生活の綱領」の最初に「神の恵みと祖先の恩とに感謝し、明き清きまことを以て祭祀にいそしむこと」とあります。このことは、神職にとって祭祀の厳修が最も重要な実践目標であることを物語っているといえるでしょう。

そして次には、「世のため人のために奉仕し、神のみこともちとして世をつくり固め成すこと」とあります。ここから「神のみこともち」として、「神々の御神徳」をより多くの氏子崇敬者に如何にして正しく判り易く説いていくかという実践課題が見えてくるはずです。

そのためには、神々の御神徳を文章で表現し、また氏子崇敬者を前に自分の言葉で語りかける挨拶や講演に磨きを掛けていく必要があります。そこで神職としての肩書や身分、そして年齢や経験に関係なく参加者全員がこの目標に向かって、真剣に取り組むのが、この伝統ある神道講演全国研修大会ということになります。

この研修会で発表するために、演題を決めて、構想を練り準備をして、参加者全員の前で発表し、講評をもらうという形で進められます。自分が発表している時のみならず、他の参加者がどのような演題からどのような手法で話が展開されるかなど、あらゆる角度から講演について学ぶことになります。

そして、大会が終わると、毎回その講録が事務局に集められて、講話集が刊行されることになっています。今回は、『みちのくのいのり』と題して刊行されることになりました。

全国津々浦々にまで足を運び、演壇に立ち神の道を説き、また神職の指導にご尽力いただいた佐古幸嬰先生、石井寿夫先生をはじめ諸先学のご霊前に本書を捧げて、更なる研讃を誓いたいと思います。

最後になりましたが、研修会場を提供頂きました盛岡八幡宮宮司藤原隆麿様本研修会に格別の御支援御協賛頂きました東北六県神社庁様及び全国各地より御支援頂きました神社及び会員各位に対して厚く御礼申し上げます。

（『みちのくのいのり』神道講演全国協議会　平成二十九年七月一日発行）

久能山東照宮の名宝について

久能山東照宮は、平成二十二年に社殿が国宝に指定された徳川家康公を主祭神とする神社です。日光東照宮をはじめ全国に鎮座する数多くの東照宮のなかでは最も古い歴史を持っています。付属歴史博物館には、歴史資料として重要文化財指定の「徳川家康関係資料」七十六種一九一点をはじめ、国宝、重要文化財他約二二〇〇点が収蔵されております。

この久能山東照宮博物館の特色は、家康公の日常に使った手沢品《しゅたくひん》が纏《まと》まっており、また徳川歴代将軍の具足他の武器・武具が揃っているということになります。収蔵されている宝物の内容は、家康公手沢品をはじめ、刀剣、甲冑、染織品、装身具、調度、絵画、書籍、古文書等多岐に亘っています。

この度、福山城博物館、ふくやま美術館、ふくやま書道美術館で特別展「水野勝成福山入封四〇〇年記念　国宝　久能山東照宮　―徳川家康と歴代将軍ゆかりの名宝」が開催されるに当たり、数年前より準備が進められて、学芸員等関係者が幾度となく福山と静岡を往来して協議を重ねて一四〇点の宝物を厳選し出陳の運びとなりました。

この特別展は、メイン会場となる、ふくやま美術館で、「第一章　久能山東照宮の開創―神となった家康」「第二章　徳川家康の遺愛品」「第三章　歴代将軍ゆかりの武具」の構成を以て、指定文化財を中心の重厚な展示が企画されています。

特に何点かを挙げると、まずは、家康公所用重文「太刀　無銘　光世《みつよ》　ソハヤツルキ　ウツスナリ」と秀忠公寄進の国宝「太刀　銘真恒《さねつね》」があります。これらは収蔵されている四十口の刀剣の内、双璧をなす名刀といえます。

家康公所用重文「洋時計（一五八一年マドリッド製刻銘）」は、慶長十四年（一六〇九）千葉県に漂着したスペイン船の船員を、船を用意してメキシコまで送り届けたお礼に、スペイン国王から家康公が頂いた品です。平成二十九年には、スペイン国王がこの時計に接見するために、天皇皇后両陛下とともに静岡まで足を運ばれて、更に耳目を驚かせています。家康公所用の火縄銃、金陀美具足《きんだみぐそく》、目器《めき》（眼鏡）、鉛筆、鋏《はさみ》、団扇《うちわ》などは、普段目にすることのない重文の逸品といえるでしょう。

「第三章　歴代将軍ゆかりの武具」の展示は、福山城博物館にも続きます。ここでは、初代家康公から十五代慶喜公までの歴代将軍にゆかりの武具等が並びます。慶喜公所用の軍帽は、フランス皇帝ナポレオン三世から贈与されたものです。

「第四章　将軍の文学と教養―自筆の書画に見る将軍たちの素顔」が最終章でふくやま書道美術館が会場となります。ここでも家康公から慶喜公に至る歴代の筆跡に出合うことができます。家光公の筆になる「茄子図」というのがあります。毎年初夏に家康公が愛したといわれる折戸《おりど》茄子が、久能山東照宮神前に奉納されますが、それと同じような丸茄子の絵です。

今回の特別展開催にご尽力頂きました関係各位に、深く感謝いたしますとともに、会場に足をお運び頂いた皆様に御礼申し上げます。

また此処でより深いご縁を頂いた皆様方と、静岡の久能山東照宮境内にてお会いできます日を楽しみにしています。


特別展『国宝　久能山東照宮・徳川家康と歴代将軍のゆかりの名宝』図録巻頭挨拶（令和元年九月二十一日）

『謎解き⁉　徳川家康の墓所』に寄せて

平成十一年、久能山東照宮権宮司として赴任、その三年後に宮司となり、今年で奉職満二十年を迎えた。着任前に一度しか参拝したことが無い神社である故、事前に若干の関係資料は、読んではいたが学ぶべきことは多く、未だ手付かずの分野も少なくない。

着任前東京に居て、家康公は駿府城で薨去後、久能山に廟所が営まれたこと、日光東照宮にも墓所らしき施設があることも知っていた。そして、久能山東照宮に着任、日々廟所に参拝し改めて家康公の遺言や、現在の廟所宝塔創建の背景など調べると、家康公の御遺体はここに埋葬されており、日光に改葬されていないと確信するようになった。

宮司になって間もない平成十四年十一月、静岡新聞記者の小林一哉氏から、石造の神廟についての取材申込があり、雨の降る中対応、十七日に記事が掲載されて、読者から若干の反応があった。かなり多くの市民の目に止まり、家康公のお墓について関心を持って頂く良いきっかけになったようである。

その一人が、本書の著者桜井明さんということになる。この記事が気になり、仕事の定年を期に、図書館等に通い関連資料を読み、記録を取って勉強されたという。平成三十年四月に初めて久能山東照宮でお会いして、記録された資料を拝見して驚いた。かなり大部の資料をもとに論考も付されているコピー資料を預かり、下旬に読み終えて読後感想を添えて返事をした。するとと、桜井さんは、その研究成果をA四判七十五ページにまとめて『家康公と久能山東照宮神廟の謎』と題して冊子を作成し、久能山東照宮に持参されて、奉納された。

私は、もう少し加筆訂正等をして、単行本として刊行されることをお勧めした。その理由の第一は、多くの資料に接して、堅実に論理を積み上げられている労作だからである。

久能山東照宮宮司である私にとって、当然のことながら徳川家康公の御遺体が何処にあるのか聞かれたら包み隠さず、事実を述べる責務があると思っている。

廟所に参拝していると、参拝者から家康公のお墓はここですかと聞かれることがある。「はい、そうです」と答える。家康公の御遺体はいったん久能山に埋葬されて、一年後に日光に改葬されたということを書いた物は、『日光山紀行』他枚挙に暇なしといえるだろう。

それらの全てに目を通して、事実関係を検証したわけではないけれど、もし、御遺体が日光に移されたというならば、久能山に家康公の遺言通りに建てられている廟所宝塔は、何かということになる。日光改葬説で、これに答えた物に未だ出合っていない。

久能山に現存する家康公の廟所宝塔こそが、動かし難い家康公の墓所である証拠である。根拠も証拠もない記録や話は、不都合な事実から離れた特定の目的を持って作られている。それらは、必ず矛盾点を孕んでおり、隠蔽された事実がある。

桜井明さんの家康公の墓所は、何処なのかという、「真実解明」への足跡が、多くの読者の目に止まり、関心を持って頂くことになれば幸いである。

本書執筆に寄せられた、努力と真摯な態度に敬意を表して、筆を擱くことにする。

（『謎解き!? 徳川家康の墓所』桜井明著　株式会社静岡新聞社　令和二年四月十七日発行）

書評『国宝　久能寺経の歳月　駿州秘抄』

静岡市内に伝わる数少ない国宝の美術工芸品に、久能寺経がある。平安時代、来世での極楽往生を願って、装飾された料紙に法華経を書写して、仏との縁を結ぼうとする信仰をもとに、宮廷貴族の手により作られて、駿河国の古寺、久能寺に伝わったものである。

著者良知文苑《らちぶんえん》氏とこの久能寺経との出合いは、一通の書簡から始まる。静岡市内在住の書家である著者は、書道会会報編集に携っていた平成二年頃、その過程に、出合った書簡、それは美術模写の第一人者田中親美翁から葵文庫館長（静岡県立中央図書館の前身）加藤忠雄氏に宛てた、久能寺経複本製作に関わる内容のものであった。

巻紙に認められた田中の見事な筆跡に誘われて、その関心は加藤氏御遺族保管の十四通の書簡へ、そして、足はやがて装飾久能寺経のある鉄舟寺に、その経品に触れて、著者は久能寺経の虜になっていく。

時間をかけて関係資料に丁寧に当たり充分に史実を踏まえながら、その筆は進む。

装飾久能寺経は、平安時代の宮廷貴族達の手により書写された法華経二十八品に開経と結経を加えた三十巻が本来という。その製作に中心的役割を果たしたのは、平安時代を代表する美人との誉れも高き鳥羽天皇中宮待賢門院藤原璋子と、その周辺の人脈の糸を丁寧に探っていく。そして十八歳の時、鳥羽院の「北面の武士」となった後の西行法師との関わりへと展開していく。

法華経各品の書写に関わった人々や、各品の書写された文字には、書家としての目が、またその料紙の装飾についても、熟成された審美眼が当てられている。

平安貴族の仏教思想に深く浸透していた法華経の信仰、極楽浄土への憧憬などに触れながら、著者の待賢門院璋子と西行へ向けられた篤い思いが綴られた力作といえよう。

和泉書院　＜定価三五〇〇円＋税＞（『季刊　悠久』第一一六号　鶴岡八幡宮　平成二十一年五月三十日発行）

書評『イギリス人アナリスト　日本の国宝を守る』

著者デービッド・アトキンソン氏との出会いは、平成二十三年二月十七日、久能山東照宮春季大祭に小西美術工藝社会長として参列され、直会終了後宮司室に会長就任挨拶に来室された時が最初である。以来、宮司としては、当宮の国宝社殿の保存修理、重文の家康公洋時計の学術調査事業等で深くお世話になっている。さらに私が理事長を務める文化財所有者の会でも力強い支援を頂いており、この四年余の氏の言動には深い関心を持って今日に至っている。

先ず、この本を読んで、経済を論ずるには、信頼できる数字を基調に客観的、科学的に分析した上での話でないと意味が無いことがわかる。経済成長は人口の増減と深く関わっているので、人口減少の中、極端な経済成長はあり得ないこと、また日本の「もてなし」の背景を観察すると、供給者側の論理に立脚していて、受給者側の視点が欠落している場合が多い点などの指摘には説得力がある。

また、イギリスの文化財保存の歴史を辿り、解説を加えながら、我が国の文化財保存修理事業についての提言、及び経済成長に及ぼす効果等を論じ、終章にて、「観光立国」と経済復活を取り上げている。過去三十年間、アナリストとして日本の経済を分析してきた、結晶が本書であるという。

日本での三十年近い活動歴は、銀行アナリスト、茶道裏千家での修養、そして現在、文化財補修会社の社長としてその経営に携わっている。また文化財保存修理や観光立国について、積極的に行政に対して働きかけ、また業界の改革への提言なども行っている。

具体例の一つに、平成二十七年より、全国指定文化財の漆修理の中塗りと上塗りには、国産漆を使用することを文化庁が決定したが、これも氏が下村文科大臣に直訴等の活動成果によることは、周知の事実である。このようなエネルギッシュでダイナミックな氏の活動を支える精神的支柱は何処にあるのかと思いつつこの本を読み終えたのである。

外国人である氏が、日本で仕事するには、日本の健全な存在、発展のため寄与しなければならないという強い使命感があるのではなかろうかと思う。

この本を読みながら、様々な社会問題が報じられる度に、責任ある立場の人の使命感、正義感の欠如が気になるのである。


（「神社新報」平成二十七年四月六日）

飯森隆年宮司への手紙

さて、先日電話にてご依頼のありました出版ご予定原稿『被災神社宮司の今昔見聞録 阪神・淡路大震災 平成7年 西宮市・芦屋市全神社38＋2社』監修の件、監修者として適任かどうか自信はありませんが、昭和四十一年四月、國學院大學入学の日より今日に至るまでいろいろお世話になっている貴兄からのお話ですので、当時を回想しながら原稿を拝読し、私の意見を少々述べさせて頂き、その任に替えたいと思います。

阪神・淡路大震災当時、私は神社本庁総務部長の職にあり、ＮＨＫのニュースをテレビで見ながら、大変なことが起こっていると思いました。当日午後緊急部長会を開いて対応につき協議したことを思い出します。宮田修アナウンサーの淡々とニュース原稿を読み上げる姿が、強く印象に残っています。彼は現在、ＮＨＫを定年退職し、ご神縁により、千葉県内の神社の宮司として活躍されています。

ところで神社本庁では翌十八日、神宮・本庁事務連絡会、十九日、常務理事会、二十日、宮司任命辞令交付式等の行事予定が手帳に書かれております。これらの行事が済み次第、とにかく、「兵庫県神社庁まで出向して被害の状況を報告せよ」との白井永二神社本庁総長の命を受け、二十三日の月曜日、午後の新幹線に乗っています。

その前に、越木岩神社宮司であった貴兄に電話をして、神社周辺の被害状況及び兵庫県神社庁までのアクセスについてお訊ねしました。

越木岩神社職員の娘さんが被災死亡され、神社のライトバンで病院まで運び、さらに加西市の火葬場まで運転されたという話を今も覚えています。

そのような状況下で、電車でJR西宮駅に来るようにとのご指示を頂き、着くと「神社庁まで車で送ってやりたいが交通事情他の理由で無理につき、自転車を用意した」と言って車から降ろされました。

教えて頂いた国道二号線を、西に向かってペダルを漕ぎ、兵庫県神社庁を目指しました。暗く寒い道中、倒壊した建物や、ビルの一階駐車場の車が、何台も押し潰されている様子を目にしながら。

翌日、岡田善夫神社庁長と面談、被害状況の概略を窺い、西川稜威雄参事の案内で幾つかの被災神社に参拝、状況を窺いました。その時すでに千葉県神道青年会有志等により重機を持っての瓦礫撤去や給水車による給水活動が行われていて、その迅速で手際の良い行動力に感心しました。

ある被災された神社で宮司より「区役所に瓦礫撤去について相談したら、政教分離の原則で宗教法人は支援対象外と言われた。隣の区役所では、業者に依頼して撤去した場合、領収書をもらっておけば、後日補助金が支給されると聞いているが」との話でした。こんなことにまで、政教分離裁判の悪影響が及んでいるのかと思いつつ、東京に帰るとすぐ建設省の担当官に会い、事情を話すと「復興支援は政教分離とは関係なく行う」との見解をもらい、その旨連絡しました。

二十五日中に東京に帰る必要があり、借りた自転車に乗って最後の予定地の生田神社に向かいました。瓦礫等が道にはみ出して狭くなっており、車も多く途中で降りて神社に着きました。結局、自転車で西宮駅に辿り着くのは無理だろうということになり、生田神社に自転車を預けて新神戸駅まで歩き東京に帰りました。後日、生田神社まで自転車を取りに行って頂きお手数をおかけしました。おかげで出張の目的を果たすことができ、深く感謝しております。

手帳には、二十七日に「綿貫民輔先生及び建設省と打合せ」との予定が書かれているので、神社の被災状況を報告、要望を聞いて頂いたものと思います。

自分の奉仕する神社の復興や維持管理だけでも大変な中にあって、広く西宮市・芦屋市内の全神社に足を運ばれて、復興の記録を作り残そうとされるご努力に敬意を表します。

記憶に残る大震災直後の被災された神社のご様子から、貴兄の撮影および収集された復興後の御社頭のご様子と原稿を拝し、二十五年という時の流れの重みと、各社宮司、責任役員、総代、氏子崇敬者各位の氏神神社への篤い崇敬の誠が伝わってきます。

この阪神・淡路大震災以降も、全国各地で地震、火山の噴火、風水害等多くの災害が発生しています。今後も様々な災害が想定されます。本書は、復興途上の人々に、指針と希望を与えることになるでしょう。

私の感想、意見等は別添貴兄原稿の行間に書き記しておきました。

（令和三年二月十六日　春季大祭参籠の夜）

あとがき

境内にて参拝者から「ここ（久能山東照宮）は、神社ですか、お寺ですか」と聞かれることがあるが、「神社です」と答える。さらにお訊ねがあれば、時間の許す限り判り易く、丁寧に答えるよう努めている。

久能山東照宮の神社としての目的は、「贈正一位徳川家康公を奉斎し、公衆礼拝の施設を備え、神社神道に従って、祭祀を行い、祭神の神徳をひろめ、本神社を崇敬する者及び神社神道を信奉する者を教化育成し、社会の福祉に寄与し、その他本神社の目的を達成するため財産管理その他の業務及び事業を行うこと」（神社規則）である。

右の中で、祭祀の厳修、祭神神徳宣揚、氏子崇敬者育成が主目的で、神社の財産管理、その他の業務及び事業は、従目的ということになる。

年四度の大祭他中祭、小祭等の祭典、神事を予定通りに執り行うのが第一義で、次に祭神の神徳を多くの人々に広め、合わせて神社神道の信仰や祭祀の大切さを伝えることにより、神社との深い絆を結ぶ努力をせよとの主目的を、達成していくために必要な財産管理他が従目的になる。これらの目的に従って、任務遂行の最高責任者が宮司ということになる。

権宮司就任二年後に静岡県神社庁協議員に推薦され、協議員会で議長に選任された。神社庁講師も委嘱され、平成十四年三月一日付で宮司になると、神社界以外団体の多くの役職を引き受けることになった。

ある尊敬する先輩から餞に、「宮司になったら、いろいろな団体から役職就任の要請があるだろう。それは、断らないように。但し自分から役職を求めないように。頼まれた役職は求めず拒まずということだ。怠らず自分の能力に応じて誠実に務めるように」と言葉を頂いた。

宮司になるとすぐに、神道宗教学会理事、華道石州流高林会会長、静岡県博物館協会理事、全国東照宮連合会副会長、社会福祉法人駿府葵会理事、公益財団法人文化財建造物保存技術協会評議員、静岡県重要文化財所有者連絡協議会会長を引き受けることになった。

年が明けて平成十五年以降も毎年のように役職の数は増え続けた。結果、四十団体を超えたので、役職就任要請があった場合、二期ないし一期という期限を条件にして受けることにした。既にその任を終え退任した団体も幾つかある。

役職を受けた団体の多くは、前任松浦國男宮司が就任されていた。私になって受けたのもあるがそれらの役職は、久能山東照宮宮司の職にあるが故の御神縁ということになる。

それ以外にも、誘われて入会している団体や、異業種交流会、定期的飲み会など数多くの関わりができた。やがて久能山東照宮との関わりへと発展し、神社の祭典参加希望が増えたり、講演の依頼を受けたり、他県の社寺参拝旅行の案内役を務めたりしつつ、御神縁を感謝して、宮司職を勤めている。

しかし、来年三月には、宮司として満二十年勤務することになる。そろそろ背中の看板も下ろして円滑にその任を終える時期に来ていると考えている。以前より宮司を退任してから、今まで書いた原稿を整理して、一冊に纏めることを考えていたが、昨年四月以降、新型コロナウイルス感染症拡大に伴い、参拝者は激減、予定されていた会合や講演等すべて中止となり、時間的余裕ができたので、その前倒しをすることができた。

宮司在任中の今までに記憶に残ることを、少し挙げてみたいと思う。

平成十四年三月、宮司就任とともに開始した重要文化財久能山東照宮本殿・石の間・拝殿ほか十一棟建造物保存修理事業は、平成二十年十二月まで工期を十期に分けて完成した。

平成二十二年十二月、重要文化財社殿は国宝に、神饌所は重要文化財に指定された。

平成二十五年十一月、ダライ・ラマ十四世を日本平に迎えての世界平和を祈る祭典に参加、市内ホテルでの講演会で、歓迎の挨拶という大役を頂いた。

平成二十七年四月、久能山東照宮御鎮座四百年大祭を無事に斎行できた。静岡商工会議所後藤康雄会頭の絶大なるご支援ご指導、静岡市田辺信宏市長、浜松商工会議所、さらに愛知県岡崎商工会議所など徳川家康公顕彰四百年事業としてのご支援を忘れることはできない。

平成二十九年四月、天皇皇后両陛下、スペイン国王王妃両陛下御来静、家康公洋時計、天覧に際し天皇陛下、スペイン国宝陛下よりお言葉を頂いた。翌日より開催された、宮崎県立美術館での久能山東照宮東照宮展は、四十四日開期中に四万五千人以上の入場者があり大盛況であった。

令和になって元年九月、広島県福山市で福山開封四〇〇年記念事業として「国宝久能山東照宮―徳川家康公と歴代将軍ゆかりの名宝―」展が、福山城博物館、ふくやま美術館、福山書道博物館の三会場で同時開催され、福山市民をはじめ広島県、岡山県からも多くの方々に来館頂いた。

さて、平成十六年二月にそれまでに書き溜めた原稿を集めて『神道の周辺』を㈱おうふうより、平成二十五年七月には『家康公の時計』を平凡社より出版して頂いた。そして今般、株式会社静岡新聞社より『久能山東照宮宮司　奮励の記憶』を出版して頂くことになった。

三十年近い親交があり「序文」をお寄せ頂いた、皇學館大学学長河野訓様並びに出版に際してお世話になった株式会社静岡新聞社編集局出版部庄田達哉様に衷心より謝意を表しつつ擱筆する。

尚、本稿中の引用文で旧漢字使用の原文は、固有名詞や特別意味ある場合を除き、新漢字を使用した。

令和三年七月

落合　偉洲（おちあい　ひでくに）

昭和22年6月20日　宮崎県生まれ。昭和50年3月、國學院大學大学院文学研究科神道学専攻（博士課程）単位習得満期退学。同年4月より神社本庁勤務。総務部長、渉外部長等歴任後、平成11年3月、久能山東照宮権宮司。平成14年3月久能山東照宮宮司。久能山東照宮博物館館長。権宮司就任以降、静岡県神社庁協議員会議長、静岡県神社庁副庁長、神道講演全国協議会会長等を歴任。

■その他の役職等

（公社）全国国宝重要文化財所有者連盟理事長、静岡県重要文化財等所有者連絡協議会会長、静岡県文化財保存協会会長、京都国立博物館文化財保存修理所運営委員会委員、（公財）オイスカ静岡県支部会長、（公財）静岡新聞・静岡放送文化福祉事業団理事、学校法人皇學館外部評価員・評議員、（公財）徳川記念財団評議員、（公財）文化財建造物保存技術協会評議員、石州流華道高林会会長など。

久能山東照宮宮司
奮励の記憶

令和三年七月十五日　初版発行

著　者――落合偉洲
発行者――大須賀伸晃
発行所――静岡新聞社
静岡市駿河区登呂三―一―一
郵便番号四二二―八〇三三
電話　〇五四―二八四―一六六六
印刷製本――三松堂

ISBN978-4-7838-2267-7